Silvia Trippolt-Maderbacher

50 DINGE,
DIE MAN
IN ISTRIEN
GETAN
HABEN
MUSS

Oktober
2019

Styria
VERLAG

Triest

ITALIEN

Istrien

134 56
Strunjan Izola Koper 44|59
101 Piran

108 SLOWENIEN
Portorož

Savudrija
131

Umag 146

Buzet 26 KROATIEN

153
23
Brtonigla 37 159 47 Volosko
Grožnjan Završje Hum Opatija 34
87 Livade 72 143
Novigrad Motovun Draguć Učka 75
81 30 Lovran
13
Višnjan

84
Nova Vas/Baredine Pazin Mošćenice
Poreč Tinjan 57 78
105 140

156 Sveti Lovreč Kringa Sveti Petar u Šumi 140 66
Vrsar 13 63 Labin
Limski-Kanal Kanfanar Žminj 162 Rabac
69 53 137 118
Rovinj Svetvinčenat
121 Bale Barban
10 16

149
Vodnjan

Brijuni Fažana 33
19 Pula
111

ADRIA KVARNER
BUCHT

Kap Kamenjak
56

50 x Istrien

Kunterbunt und fröhlich: Altstadt Novigrad

Strahlend schön: Piran

Für Istrien-Entdecker, Istrien-Kenner und Istrien-Liebhaber

Mein Istrien. Ich habe Istrien längst mit meinen eigenen Koordinaten versehen. Seit über 30 Jahren, seit ich das erste Mal meine Beine in das adriatische Meer gehalten habe. Mein Istrien steckt voller Wunder. Entdecken Sie in diesem Buch 50 Lieblingsplätze: Abenteuerliches, Geheimes, Bewährtes, Charmantes, Unterhaltsames, Überraschendes, Klassisches, Spannendes, Neues, Vergangenes, Nostalgisches, Zeitgeistiges. Denn die bezaubernde Halbinsel im sonnigen Süden zeigt sich als wunderbare Sehnsuchts- und Genussregion zwischen traumhafter Küste und verzaubertem Hinterland, mit kristallklarem Meer und idyllischen Inselwelten, entzückenden Bergdörfern und stimmungsvollen Fischerstädtchen. Mit mediterraner Leichtigkeit und mit sanften Hügeln voller Olivenbäume und Weinreben.

Was gehört zu Istrien?

Istrien ist die größte Halbinsel der Adria und liegt zwischen dem Golf von Triest und der Kvarnerbucht bei Rijeka. Wie eine Traube, wie ein Herz oder wie ein Ziegenkopf geformt, teilen sich Istrien drei Länder:

Poreč im Zauberlicht

Arena Pula

Kroatien, Slowenien und Italien. Der größte Teil gehört zu Kroatien, ein schmaler Landstrich mit rund 47 Kilometer Küste zu Slowenien und das kleinste Stückchen rund um den Küstenort Muggia zu Italien. Politisch teilt sich das zweisprachige kroatische Istrien noch einmal: in die Gespanschaft Istrien sowie in die Gespanschaft Primorje-Gorski kotar im Osten rund um die Stadt Opatija. Geografisch erstreckt sich das istrische Festland bis zur Prelukbucht. Der Verwaltungssitz der kroatischen Gespanschaft Istrien liegt in Pazin im Landesinneren. Pula an der Südspitze ist die größte Stadt der Halbinsel mit 57.053 Einwohnern (Stand 2012). Die größte Stadt des slowenischen Teils ist Koper mit seinem bekannten Seehafen und rund 25.000 Einwohnern.

Historisch gesehen waren sie alle da: Römer, Osmanen, Habsburger, Italiener, Österreicher, Kroaten, Jugoslawen und noch viele andere. Darunter befanden sich Herrscher, Bauern, Handwerker, Künstler, Soldaten, Kaufleute. Sie alle hinterließen Spuren, sodass sich eine eigenständige istrische Lebenskultur entwickeln konnte – auf gerade einmal 80 Kilometern Länge und maximal 60 Kilometern Breite. Wie von Künstlerhand geschaffen, durchziehen die steinernen Trockenmauern die Felder und fügen sich in die Landschaft ein. Außergewöhnlich: Die Erde leuchtet an der Westküste feuerrot, im mittleren Istrien grau und rund um das Učka-Gebirge und an der Ostküste weiß.

Zur Auswahl in diesem Buch

Nennen Sie mich ruhig mutig. Denn es ist wirklich riskant, eine Auswahl für dieses Buch zu treffen. Ein Reiseführer über diese einzigartige Region müsste gefühlt mindestens 752 Seiten zählen und zwei Kilogramm wiegen. Und trotzdem würde der Platz niemals ausreichen. Denn die Fülle und Vielfalt dieser Halbinsel ist unermesslich. Sie sehen also mein Dilemma. Trotzdem darf ich Ihnen in meinem Buch einiges zeigen: Wo sich Gourmets die Serviette umbinden. In welchem Ort ein Vampir sein Unwesen trieb. Wie aus losen Steinen ein Hirtenunterschlupf gebaut wird. Bei welchem Olivenölbauern das „Grüne Gold" am besten schmeckt. Hinter welchen Kirchentüren sich die schönsten

8

Weltberühmt: Burgenstädtchen Motovun

Freskenmalereien verbergen. Schmunzeln Sie über eine „Misswahl" für Ziegen, laufen Sie mit mir über blühende Lavendelfelder, erliegen Sie dem magischen Duft der Trüffeln, flanieren Sie mit mir entlang der elegantesten Meerespromenade der Welt. Mein Wunsch: Lernen Sie Kultur, Natur, Kulinarik und Menschen in Istrien auf eine ganz persönliche Weise kennen und lieben.

Mein Buch sehe ich als fröhliche Einstimmung für Ihre Istrienreise. Außerdem macht es sich gut im Liegestuhl oder in der Hängematte. Geschrieben habe ich diese 50 Geschichten für selbstbewusste Leserinnen und Leser – für Istrien-Neulinge, -Entdecker, -Kenner und -Liebhaber. Und Sie werden es gleich bemerken: Ich reise stets mit meiner Familie: Mit meinem Mann Josef Trippolt sowie unseren Söhnen Julius Josef und Theodor Johann. Auch ihre Empfehlungen fließen immer wieder in das Buch mit ein.

In lieber Verbundenheit,
Silvia Trippolt-Maderbacher

9

Kleiner Tipp: Unter www.reiseblog7.com finden Sie viele weitere wunderbare Tipps für Ihren Aufenthalt.

01

Bohème liegt in der Luft

BALE

....

Kreativ, inspirierend und unkonventionell erfrischend. Das mittel-alterliche Bale zeigt sich als Freigeist unter den istrischen Städtchen.

Bale hat eine lange Geschichte, die überall sichtbar und spürbar ist: Wie zum Beispiel in den verschlungenen Gassen mit Pflastersteinen aus der Antike. In der **Krypta der Kirche des Heiligen Julian** mit dem Sarkophag aus dem 8. Jahrhundert. Zwischen den Mauern des wunderschön restaurierten Palastes **Soardo-Bembo.** Beim Durchschreiten der historischen **Stadttore.** Doch Bale erstarrt nicht in seiner Vergangenheit, sondern denkt Traditionen vorwärts. Dabei hält der Ort Rückblenden zwar in Ehren, zelebriert aber Neues und Zeitgeistiges. Das sehen wir bei jedem Besuch in dem zweisprachigen Ort (Italienisch/Kroatisch), der 13 Kilometer südöstlich von Rovinj auf dem Hügel Mon Perin liegt. Irgendwie erscheint Bale als Hotspot einer modernen Bohème – kunstsinnig, eigenständig, authentisch. Das Meer ist nur zehn Minuten entfernt, die mediterrane Macchia, das charakteristische immergrüne Gehölz, erstreckt sich bis zur Küste.

Fröhliches Gassengewirr

Von seiner schönsten Seite zeigt sich Bale am Abend zur **blauen Stunde:** Da hören wir aus den Gastgärten fröhliches Gelächter und das Klimpern von Besteck und Gläsern, Mütterchen sitzen auf den Steintreppen, plaudern und zeigen sich gegenseitig ihre kleinen gehäkelten Englein und Spitzendecken. Dazwischen läutet die Glocke der Pfarrkirche. Aus den Blumentöpfen der Innenhöfe tropft Wasser und Eleonora reicht in ihrer **Ethno-Galerie** (Castel 70) zwei Buben aus dem Kärntner Lavanttal einen Klumpen aus Ton zum Mitarbeiten. Daneben erfreuen die Bilder im **Atelje Božić** unsere Augen (Castel 72). Der Kunst nicht genug, stellen auf 1000 Quadratmetern im **„Art House Mon Perin"** im Kastell

10

Palast Soardo-Bembo

Altstadt mit Charme

01

bekannte Maler und Bildhauer aus Istrien und der Kvarnerbucht ihre Kunstwerke aus.

Aus dem Gewirr der Gassen erklingt launiger Jazz: Der Gastronom Tomislav Pavleka hat mit seinem **„Kamene Priče"** ein Kultlokal geschaffen – eine Art Villa Kunterbunt aus Café, Konoba, Club, Wohnzimmer und Bühne, originell und unkompliziert. Dieser Treffpunkt ist maßgeblich für die nonchalante Boho-Atmosphäre von Bale verantwortlich. Im Sommer reisen Jazzgrößen aus aller Welt an. Festivalzeit!

Info

www.bale-valle.com

SEHENSWERT

Palud: Spannendes Vogelschutzgebiet mit Museum, Unterschlupf und Wohnraum für über 200 verschiedene Vogelarten. Westlich von Bale. www.natura-histrica.hr

Kirche des Heiligen Petrus: Eine der wohl ungewöhnlichsten Kirchen, die wir je gesehen haben. Sie steht in keinem Touristenführer und sieht aus, als würde sie aus einem Felsen in den Himmel wachsen. Zwischen Svetvinčenat und Bale, ein Schild weist den versteckten Weg.

ESSEN & TRINKEN

La Grisa: Attraktives Hotel mit sehr gutem Restaurant in der Altstadt. Lauschige Gastgärten zwischen historischem Gemäuer und im Innenhof. La Grisa 23, 52211 Bale. (+385 52) 82 45 01, www.la-grisa.com

Olivenöl Grubić: Ausgezeichnetes Olivenöl, Olivenölmuseum. Am Ortseingang von Bale. A. Negri 7, 52211 Bale. (+385 52) 82 44 46, www.grubic.hr

Meneghetti: Edles Landgut mit Hotel, Spitzenrestaurant, prämierte Weine und Olivenöle. Außerhalb von Bale. Achtung, Schotterstraße! Stancija Meneghetti 1, 52211 Bale. (+385 52) 52 88 00, www.meneghetti.hr

12

Ein Traum in Lila

BALE, SVETVINČENAT, SVETI LOVREČ, VIŠNJAN

Die Provence an der Adria. Im Frühsommer verfärben sich Istriens Lavendelfelder in ein zartes Lila. Wir haben das schönste Blüten- meer entdeckt – und dazu einen Feigenbaum in sieben Metern Tiefe.

Ich wollte schon immer einmal ... Diesen Satz beginnt jeder von uns nur allzu gerne. Ich zum Beispiel wollte schon immer einmal über ein La- vendelfeld laufen. Die Augen schließen, die Arme ausbreiten, tief durch- atmen und losrennen durch das Meer aus lila Blüten. Natürlich würde um meinen Körper ein leichtes Blümchenkleid wehen und auf meinem Kopf würde ich einen wagenradgroßen Strohhut balancieren. Ach, Sie denken dabei an ein Werbesujet für die Provence? Dann haben Sie Istri- ens Lavendelfelder noch nicht entdeckt.

Um eines der bezauberndsten Blütenmeere der Halbinsel kümmert sich Aleksandra Pekica. Anfang Juli, je nach Witterung, blühen auf ihrem Feld zwischen **Svetvinčenat** und **Vodnjan** Tausende Lavendelsträucher. Und am Kažun im Hintergrund, diesem kleinen, typischen Steinhäus- chen, erkennen wir, dass wir in Istrien sind ... Beim Lavendelfest dürfen Gäste und Besucher jedes Jahr mit der Sichel ausrücken und die duften- den Kräuter ernten.

Ein weiteres Feld zaubert uns in **Sveti Lovreč** ein Lächeln auf die Lippen. Nur wenige Kilometer vom Limski-Kanal entfernt findet man dieses be- zaubernde Stückchen Erde hinter dem Glockenturm, außerhalb der his- torischen Stadtmauern Richtung Orbani.

Lila Landschaften

13

Das wohl größte Lavendelfeld erwartet Besucher im **„Histria Aromatica"** auf dem Hügel Pižanovac in Golaš bei Bale. Ich sage nur: 5000 Quadrat- meter lila Landschaft. Der Zagreber Biokosmetikproduzent Boris Filipaj hat seinen Traum von einem duftenden Themenpark für Pflanzen und

Kräuter 2014 verwirklicht. Wenn sich das monumentale schmiedeeiserne Tor öffnet, betritt man eine andere Welt. Die gesamte Anlage umfasst 25 Hektar: ein Paradies mit idyllischen Spazierwegen, Plantagen, üppigen Wein-, Obst- und Gemüsegärten, kerzengeraden Zypressenalleen, Steinterrassen, Heilkräutern, Olivenhainen, Trockenmauern, Karstgrotte und Kräuterlabor. Dazu gibt es einen Verkaufsladen, ein modern designtes Hauptgebäude und vieles mehr. Wald und Wiesen umgeben die Anlage und von der Hügelspitze aus bietet sich ein herrlicher Blick auf die gesamte Küstenregion vor Rovinj und Vodnjan. Auf der anderen Seite erhebt sich in der Ferne der Gipfel des Učka-Gebirges. Entlang der Zypressenallee am Beginn des Weinberges zieht ein Steinring, aus dem eine Baumkrone ragt, alle Blicke auf sich. Treten wir näher, entdecken wir, dass in dieser sieben Meter tiefen Höhle ein Feigenbaum wächst. Er soll über 130 Jahre alt sein. Besucher können über eine Treppe zu seinen Wurzeln hinabsteigen.

Endloses Lila leuchtet auch auf den Feldern der Lavendelfarm Deklevi in **Višnjan.** Dort wachsen unzählige Heilkräuter auf feuerroter Erde, neben Lavendel etwa auch Rosmarin, Salbei und Minze. Dazwischen schimmern silbergrüne Olivenbäume. Von den Bäumen ringsherum hängen an besonders idyllischen Plätzen Holzschaukeln. Wer sich hier auf eine Schaukel setzt, schwebt über ein leuchtend violettes Blütenmeer. Und das ist ehrlich gesagt noch besser, als im Blümchenkleid über ein Lavendelfeld zu laufen.

SEHENSWERT

Park Histria Aromatica: Geöffnet Frühling bis Herbst, täglich 11–18 Uhr. Tickets beim Parkplatz. Ca. € 10,- für Erwachsene. Pižanovac bb, Golaš, 52211 Bale. (+385 99) 39 08 161, www.histriaaromatica.hr

OPG Pekica: Öffnungszeiten variieren. Lavendelblüte je nach Witterung bereits Ende Juni. Jährliches Lavendelfest. Pekici 1, 52342 Svetvinčenat.

14

Lavanda Deklevi: Lavendelfarm vor Vodnjan. Im kleinen Laden gibt es getrocknete Kräuter, Lavendelwasser, Olivenöl, Honig usw. zu kaufen. Falls niemand von der Familie Matic da ist, einfach anläuten. Deklevi 1, 52463 Višnjan.

02

Histria Aromatica

Sveti Lovreč

Lavendel Pekica

03

Mit Ross und Lanze

BARBAN

Traditionssport im kleinen Dorf Barban im Südosten von Istrien: „Ringstechen" – ein Pferdesport, bei dem der Reiter einen kleinen Ring im Galopp mit einer Lanze aufspießt.

Staub wirbelt auf. Das Publikum raunt. Tausende Menschen drängen sich entlang der Absperrgitter, um so nahe wie möglich am Geschehen zu sein, wenn waghalsige Reiter in mörderischem Tempo vorbeigaloppieren. Wenn die Männer verwegen ihre Lanze zücken. Wenn sie mit ernster Miene den Metallring, der auf einem Seil über den Weg gespannt ist, anpeilen. Dieser Ring, so groß wie eine Handfläche, bedeutet in diesem Sport alles, denn es gilt, ihn aufzuspießen. Wem das gelingt, dem winken Ruhm und Ehre. Außerdem ist das Fernsehen da und überträgt das Event live. Im Publikum auf den VIP-Tribünen fiebert die kroatische Präsidentin begeistert mit.

Das **Ringstechen** („Trka na prstenac") in dem kleinen Dorf Barban zeigt sich heute als ein gelebtes Stück Tradition. Denn seit dem Jahr 1696 ist dieses spezielle Reitturnier überliefert. Nach vielen Jahren in Vergessenheit wurde das Ringstechen im Jahr 1976 wieder aufgenommen. Ansonsten träumt Barban im Südosten Istriens das ganze Jahr über friedlich vor sich hin. Sehenswürdigkeiten in dem 250-Einwohner-Dorf? Da wären zwei Kirchen, teils mit Fresken und glagolitischen (altkirchenslawischen) Schriften, Reste der Stadtmauer, zwei Stadttore, die Loggia und der Palast der Familie Loredan, die 1534 gleich die ganze Ortschaft gekauft hatte. Vor dem Infopunkt im Ort stehen seit ein paar Jahren verschiedene **Holzskulpturen.** Auch ein „Ringstecher" befindet sich unter den Figuren.

Zwölf Sekunden, drei Durchgänge

Einmal im Jahr treffen sich Tausende Schaulustige, um die tapferen Reiter zu bewundern. Diese zeigen sich in nostalgischer Tracht: mit wei-

16

03

Tapfer: die Ringstecher von Barban

ßen Hosen, dunkelbraunen Samtjacken und braunen Schiffchen als Kopfbedeckung. Der Weg, der über Erfolg und Misserfolg entscheidet, ist 150 Meter lang und führt durch einen Pinienwald. Zwölf Sekunden haben Pferd und Reiter Zeit, die Strecke zurückzulegen und den Ring aufzuspießen. Drei Durchgänge gibt es. Der Metallring glänzt in der Sonne, er scheint am Himmel zu schweben. Sobald die Töne der Roženice, eines istrischen Holzblasinstruments ähnlich der Oboe, verklingen, startet der nächste Reiter. Ob er mit der Lanze den Ring getroffen hat? Keine Ahnung! Ich musste wegen der Sonne gerade niesen. Aber die Musikkapelle spielt nun den Radetzkymarsch. Daher tippe ich auf Sieg.

Info

SEHENSWERT

„Trka na prstenac": Das Ringstechen findet jährlich am dritten Wochenende im August statt.

„FESS": Ein kulinarisches Fest rund um die Feigenfrucht mit fast nur einheimischem Publikum. Es gibt Feigenkränze, Feigeneis, Schokoladefeigen, Feigenkäse usw., www.tz-barban.hr

Glavani Park: Abenteuerhochseilgarten mit Kletterwand, Riesenschaukel, Zipline usw. 6 km südwestlich von Barban.
Glavani 10, 52207 Barban, www.glavanipark.com

ESSEN UND TRINKEN

Restoran Stefanija: Fesche Villa mit tollem Restaurant, gleich neben Barban. Wunderbare Aussichtsterrasse: weiße wallende Vorhänge, Pool, rundum Blütenpracht und Blick aufs Meer. Herrlich leichte Gourmetküche.
Puntera 8d, 52207 Barban. (+385 52) 56 70 75, www.stefanija.com

18

Glamour-Insel von damals

BRIJUNI

Wie aus einer verkarsteten Inselgruppe ein Eldorado für die Reichen und Schönen wurde – und warum italienische Nobelschneider den Namen des Archipels „Brioni" für ihre Luxusanzüge übernommen haben.

Wenn es einen Shoppingtraum für Männer gibt, dann steht wohl „Brioni" auf dem Türschild. Der italienische Luxusherrenausstatter ist das Synonym für Eleganz, unübertroffene Schneiderkunst und Exklusivität. Doch kaum jemand weiß, dass die Gründer der italienischen Nobelmarke diese nach einer istrischen Inselgruppe benannt haben – einem faszinierenden Archipel drei Kilometer vom Küstenort Fažana bei Pula entfernt. Brijuni, wie Brioni auf Kroatisch heißt, war einmal das mondänste Ferienresort für den Jetset der Donaumonarchie: elitär, glamourös, erlesen, extravagant. Die ganze Geschichte der brionischen Insel zu erzählen würde Bücher füllen. Denn sie müsste bereits in Urzeiten beginnen: So finden sich Dinosaurierspuren ebenso auf den Inseln wie antike Ausgrabungen, Reste einer römischen Villa sowie ein byzantinisches Castrum.

Glanzvoller Aufstieg

Der Glanz und der glorreiche Aufstieg Brionis zum Nobelrefugium war einem Mann zu verdanken: Paul Kupelwieser. Der österreichische Industrielle erwarb im Jahr 1893 zwölf der insgesamt 14 Inseln: unfruchtbar, sumpfig, mit Millionen Moskitos verseucht. Aber er hatte eine Vision und erkannte das Potenzial des Archipels. Als Erstes engagierte er den bekannten Bakteriologen und späteren Nobelpreisträger Robert Koch, um die Stechmücken und somit auch die Malaria loszuwerden. Dies gelang.

Bereits einige Jahre später eröffnete Kupelwieser nach und nach sein Ferienparadies auf der Hauptinsel Veli Brijuni mit allem Prunk der Zeit:

19

Hotels mit Elektrizität und Telefon, ein beheiztes Winterhallenbad, ein Safaripark, eine Inselzeitung, verschiedene Sport-, Park- und Hafenanlagen, Promenaden, Weingarten, Schule, Spital, ein 18-Loch-Golfplatz an der Adria usw. Dekadenz? Das war damals kein Schimpfwort, sondern eine Gesellschaftsform.

Das Who's who der Monarchie ließ nicht lange auf sich warten. Thronfolger Franz Ferdinand war zu Gast. Schillernde Namen wie Gustav Klimt, Richard Strauss, Arthur Schnitzler, Thomas Mann und die bekannte Familie Wittgenstein waren nur einige, die Brioni zum elitären Urlaubsrefugium der Belle Epoque krönten. Durch die Eheschließung von Kupelwiesers Enkeltochter mit Manfred Mautner Markhof ging der Besitz in die Wiener Unternehmerfamilie über. Cocktails, Soupers und Bälle lösten einander ab. Doch während der Wirtschaftskrise wurden die Zeiten immer schwieriger, Gäste blieben aus, die Nachfolger Paul Kupelwiesers verschuldeten sich heillos. Im Jahr 1936 beschlagnahmte „Duce" Benito Mussolini die Brijunischen Inseln und machte aus ihnen ein Bade-, Golf- und Polo-Paradies der oberen Zehntausend im faschistischen Italien.

Paradies als Sperrgebiet

Der jugoslawische Staatspräsident Josip Broz Tito gönnte sich von 1947 bis 1979 den Luxus, die Insel für die Öffentlichkeit zu sperren, sie selbst zu bewohnen und illustre Staatsgäste wie Präsidenten, Minister, Könige, aber auch Prominente wie Schauspieler und Künstler aus aller Welt zu empfangen: die Kennedys, die Onassis', Che Guevara, Fidel Castro, Queen Elizabeth II., Elizabeth Taylor mit Richard Burton, Sophia Loren – sie alle genossen den Glanz auf Brioni.

Erst nach Titos Tod wurde die Insel langsam der Öffentlichkeit wieder zugänglich gemacht. Seit 1983 ist das Archipel ein **Nationalpark** und steht unter Naturschutz. An die 700 Pflanzen- und über 250 Vogelarten beeindrucken bis heute ebenso wie der älteste Olivenbaum der Welt. 1600 Jahre soll er bereits auf Brijuni stehen.

Heute kann die Hauptinsel auf zwei Arten besucht werden: im Rahmen einer geführten Tagestour oder als Hotelgast. Zugegeben, zusammen mit unzähligen Touristen kommt in der Bimmelbahn, die über die Insel ruckelt, kaum das erwartete glamouröse Brijuni-Flair auf. Nennen Sie mich ruhig spießig, aber dieses außergewöhnliche Urlaubsrefugium möchte ich gerne so stilvoll wie nur möglich kennenlernen: Langsam die Pinienallee entlangschreiten, zum Bootshaus promenieren, das Ananasdessert

20

Brijuni – Archipel mit 14 Inseln

Villa auf Brijuni

04

Ältester Olivenbaum der Welt

Safaripark

Römische Villa in der Bucht Verige

im Restaurant flambieren lassen, im Golfcart herumcruisen, einen Blick auf Titos Cadillac werfen, die Büsten, Skulpturen und das Mausoleum bewundern, den eleganten Aussichtsturm aus Stahl emporklettern, die Perlen der Archäologie auf eigene Faust erkunden. Und wenn mein Mann dabei eben keinen „Brioni"-Anzug trägt, weil das gute Stück um die 10.000 Euro kostet, macht das auch nichts.

Abfahrt der Personenfähre mehrmals täglich von Fažana mit Inselführung. Tickets gibt es vor dem Landungssteg. www.np-brijuni.hr, www.infofazana.hr

Feuer und Flamme

BRTONIGLA

Oh, wie das duftet! Nichts schmeckt herrlicher als ein Gericht aus der Peka bzw. Čripnja. Dies ist eine der traditionellsten Zubereitungsarten Istriens, die auf dem gesamten Balkan sehr verbreitet war und ist.

Kaum irgendwo auf der Welt lässt sich das Leben so auskosten wie in Istrien. Ich werde sehr oft gefragt, worauf ich mich kulinarisch im Süden am meisten freue: Es ist nicht der Hummer, es sind nicht die Austern, es sind nicht die Trüffel, vielleicht sind es die rohen Scampi, aber auf jeden Fall liebe ich die **geschmackvollen Gerichte aus der Peka oder Čripnja.** Diese mit Glut bedeckte Glocke funktioniert ähnlich wie ein Römertopf. Früher bestand sie aus Ton, später aus Gusseisen und heute oft aus pflegeleichtem Edelstahl. Diese Glocke oder Eisenhaube stülpt man über einen Topf, stellt ihn in die offene Feuerstelle und bedeckt ihn mit Asche und Glut.

Im Topf zu finden: Fleischstücke von Rind, Kalb, Lamm, Ziege, Huhn, oder aber auch Fisch und Oktopus. Besonders saftig schmecken die Gerichte, da immer Kartoffeln, Gemüse, viel Olivenöl und Kräuter wie Thymian, Lorbeer, Lavendel und Rosmarin dazugegeben werden. Da ein solches Gericht oft stundenlang vor sich hin schmort, gibt es diese Köstlichkeit oft nur auf Vorbestellung.

Eine heiße Sache

Offene Feuerstellen als Kochmöglichkeit sind (ähnlich dem „Fogolar" in Italien) in Istrien allgegenwärtig, insbesondere in den **Konobas,** den kleinen urigen, rustikalen Wirtshäusern, in denen landestypisch gekocht wird. Auf dem Rost brutzelt so ziemlich alles, was man sich kulinarisch erträumt. Eine Hüterin des Feuers ist Alma Kernjus von der Konoba Astarea aus Brtonigla. Sie steht das ganze Jahr über an ihrem Grill, um für ihre Gäste Geschmackvolles über glühender Holzkohle zuzubereiten. Kurz gebraten, mit ein wenig Meeressalz gewürzt und mit ein paar Tropfen feinstem Olivenöl versehen – ein wahrer Gaumenschmaus. Das Spannende: Wir sitzen unmittelbar neben dem offenen Feuer und sehen bei der Zubereitung zu. Groß ist der Unterhaltungswert dieser Art von „Schauküche" und noch größer sind Gusto und Hunger, wenn es im Raum so verführerisch zu duften beginnt.

KONOBAS MIT PEKA-GERICHTEN UND EINER OFFENEN FEUERSTELLE

Astarea: Sehr bekannte Konoba mit bodenständiger, geschmackvoller Küche. Fisch und Fleisch in allen Varianten. Ronkova 9, 52474 Brtonigla. (+385 52) 77 43 84

Stari Podrum: Familie Zrnić pflegt beste regionale Küche. Hier schmeckt alles. Eine Lieblingsadresse. Most 52, 52462 Momjan. (+385 52) 77 91 52, www.staripodrum.info

Rino: Konoba der sympathischen Familie Prelac. Steaks, Trüffel, eigene wunderbare Weine. Dolinja Vas 23, 52462 Momjan. (+385 52) 77 91 70, www.prelac.hr

Alla Beccaccia: Konoba par excellence, 2 km südlich von Fažana. Kalbsstelzen, Wildschwein, Schnepfen usw. aus der Peka. Pineta 25, 52212 Fažana-Valbandon. (+385 52) 52 07 53, www.beccaccia.hr

Buščina: Vorzeige-Konoba mit Gault-Millau-Haube. Auf der offenen Feuerstelle brutzeln jede Menge Frischfisch, Fleisch und Meeresgetier. Buščina 18, 52470 Umag. (+385 52) 73 20 88, www.konoba-buscina.hr

Morgan: Diese Konoba verbirgt eigentlich ein schönes Restaurant mit Terrasse über dem Weingarten. Verfeinerte regionale Küche auf höchstem Niveau und mit viel Geschmack. Fleischgerichte vom Grill. Bracanija 1, 52474 Brtonigla. (+385 52) 77 45 20, www.konobamorgan.eu

Köstlichkeiten aus der Peka gibt es in vielen Agriturizam-Betrieben auf Vorbestellung.

Hüterin des Feuers: Alma Kernjus, Konoba Astarea

05

06

Kulinarische Schatzsuche

BUZET

. . . .

Unwiderstehlich, magisch, geheimnisvoll. Im Tal der Mirna schürft man nach ganz besonderen „Diamanten" für Gourmets: Trüffeln!

Biba ist ganz aufgeregt. Sie flitzt im wilden Zickzack durch das Dickicht und fixiert mit ihrer glänzenden Nase wie ein Magnet den Waldboden. Schon bald beginnt die schwarze Hündin ungestüm zu buddeln. Aber da ist bereits Danijela Puh zur Stelle und schiebt Biba sanft zur Seite. Mit einem kleinen Trüffelspaten und einem sicheren Griff legt die sympathische Kroatin die graue Erde frei und hält kurz darauf eine hutzelige Knolle in der Hand: Eine **Trüffel,** so groß wie ein Golfball, und sie strömt einen faszinierenden Duft aus – eine Mischung aus feuchter Erde, Laub, Nüsse, Pilzen, Knoblauch, Heu und Moos.
Dem wertvollsten Edelpilz der Welt ist es zu verdanken, dass sich Istrien weltweit unter Feinschmeckern einen Namen gemacht hat. Die kostbaren Trüffeln wachsen fast das gesamte Jahr über. Die begehrteste, die weiße Trüffel, gedeiht jedoch nur von Mitte September bis Ende Jänner. Ihren Geschmackshöhepunkt erreicht sie im Dezember. Neun von 25 Trüffelsorten sind essbar, aber nur vier davon werden in Istrien gezielt vermarktet.
Das istrische Trüffelgebiet erstreckt sich von Buzet im Nordosten entlang des Flusses Rasa bis nach Pazin in den Süden. Die meisten Edelpilze werden im Wald von Motovun im Tal der Mirna gefunden. Dort herrschen in den grauen, fetten Lehmböden der Eichenwälder ideale Bedingungen vor.

Magischer Duft
Danijela Puh durchstreift seit ihrer Kindheit die Laubwälder rund um Motovun. Zusammen mit ihrem Mann Marko betreibt sie eine moderne

26

Danijela Puh, Natura Tartufi

06

Trüffelmanufaktur (Natura Tartufi) zwischen Buje und Buzet. Was das Geheimnis der Trüffel ist? „Sie macht alles besser, was mit ihr in Berührung kommt – Pasta, Reis, Polenta, Fleisch, Eiergerichte, Öle, Käse." Egal, ob traditionell geraspelt oder elegant gehobelt, Trüffelgerichte findet man in eleganten Spitzenrestaurants genauso wie in urigen Konobas.

Der Preis? Der schwankt täglich. Je nach Angebot und Nachfrage. Muss man für ein Kilo schwarze Sommertrüffel ein paar Hundert Euro pro Kilo berappen, so sind es für die weiße Trüffel im Herbst oft ein paar Tausend Euro. Trüffelkauf ist absolute Vertrauenssache. Man kauft die Sorte je nach Saison und je nachdem, was man damit machen möchte.

Zum Kochen, Schmoren und Garen (Saucen, Farce) verwendet man **schwarze Trüffel,** denn sie besitzen viel mehr Geschmack als die **weiße Trüffel.** Deren Geschmack hält sich dezent im Hintergrund, während ihr einzigartiger Duft einen ganzen Raum einnimmt. Da die weiße Trüffel absolut keine Hitze verträgt, darf sie ausschließlich frisch über die Speisen gehobelt oder geraspelt werden. In Zahlen sieht das so aus: Schwarze

28

Wintertrüffel bestehen aus 80 Prozent Geschmack und 20 Prozent Duft, bei der weißen Trüffel zeigt sich dieses Verhältnis genau umgekehrt: 20 Prozent Geschmack und 80 Prozent Duft.

Die Legende erzählt, dass es italienische Eisenbahner waren, die beim Arbeiten an einer Bahntrasse in Istrien die intensiv duftenden Knollen entdeckt haben. Bald schon haben die Italiener gezeigt, wie man mit speziell abgerichteten Hunden an den Edelpilz herankommt. Wer sich mit Trüffelexpertin Danijela Puh unterhält, hört folgende Geschichten: Dass die Trüffeln quasi das „Letzte" waren, das die Istrianer in kargen Zeiten gegessen haben. Diese hutzeligen, stinkenden Knollen – damals gerade als Tierfutter angesehen. Und, dass es in Istrien niemals Trüffelschweine gegeben hat. Warum? „Streiten Sie sich einmal mit einem 130 Kilogramm schweren Schwein um eine Trüffel." Besser nicht.

Info

TRÜFFEL KAUFEN, VERKOSTEN, ESSEN

Natura Tartufi: Topmoderne Trüffelmanufaktur von Danijela und Marko Puh. Unzählige Produkte und frische Trüffel nach Saison.
Srnegla 21, 52420 Buzet. (+385 52) 55 40 57, www.naturatartufi.com

Karlić Tartufi: Trüffelfarm, 13 km von Buzet entfernt, im kleinen Dorf Paladini. Großes Sortiment, sympathische Familie.
Paladini 14, 52420 Buzet. (+385 52) 66 73 04, www.karlictartufi.hr

Zigante: Trüffelimperium, 16 km südwestlich von Buzet. Weltbekannt, seit dem Sensationsfund im Jahr 1999. Gigantische 1310 g brachte sie auf die Waage und einen Eintrag ins Guinness Buch der Rekorde als größte Trüffel der Welt.
Livade 7, 52427 Livade. (+385 52) 66 43 02, www.restaurantzigante.com

Prodan Tartufi: Familienbetrieb, der sich den Trüffeln widmet. Trüffelsuche, Produkte, Verkostung, Handel.
Prščari 43, 52420 Buzet. (+385 91) 551 27 96, www.prodantartufi.hr

Tikel: Agroturizam, 3 km von Vižinada entfernt. Trüffelsuche, Konoba, Apartments. Preis-Leistungs-Sieger. Dazu eigene Weine.
Špinovci bb, 52423 Karojba. (+385 52) 68 34 04, www.agroturizam-tikel.hr

07

Film ab!

Istriens Hollywood. In der Hauptrolle: das kleine mittelalterliche Dorf Draguć zwischen Pazin und Buzet.

Die weltbekannte Schauspielerin Nastassja Kinski zückte hier ihren Dolch, Schauspieler Michael York schwang galant seinen Degen und Gerard Depardieu spann als schurkenhafter Kardinal bitterböse Intrigen. Als Filmkulisse diente das kleine Dorf Draguć im tiefen Inneren von Istrien. 2004 kam der Streifen „Lady Musketier – Alle für Eine" auf die Bildschirme. Seit Jahrzehnten sind Filmemacher begeistert von den vielen Möglichkeiten der authentischen Mittelalterszenerie. So ließ niemand Geringerer als Regisseur George Lucas („Star Wars", „Indiana Jones") für den Film „Red Tails" istrische Boškarin-Rinder durch die Gassen von Draguć ziehen. Das war 2012. Bereits dreißig Jahre zuvor errang der Ort mit „Twilight time" von Karl Malden internationale Aufmerksamkeit.

Draguć strahlt aufgrund seiner exponierten Lage auf einem bewaldeten Felshügel auf 358 Metern Seehöhe und seiner markanten Silhouette eine besondere Kraft aus. Gut geschützt gegen den Nordwind, gedeiht hier alles, was die mediterrane Flora ausmacht: Olivenbäume, Wein, Lorbeer und Maulbeerbäume. Zu Beginn des 20. Jahrhunderts lebten viele der Bewohner von Draguć von der Seidenraupenzucht. Diese fressen ausschließlich die Blätter der Weißen Maulbeerbäume.

Spannend wie ein Drehbuch

In den Abenteuerstreifen, die in Draguć gefilmt wurden, geht es meist ziemlich rau und wild zu. Auch die bewegte Geschichte des kleinen Ortes liest sich spannend wie ein Drehbuch: einst ein mächtiges, mittelalterliches Kastell, zahlreiche Herrscherhäuser, Angriffe von allen Seiten,

Kirche Hl. Rochus mit Fresken

07

Zerstörung, Krieg, Besetzungen. Und dann noch die Pest und die Cholera. Unglaublich, dass das Dorf überhaupt erhalten blieb. Wenn auch die Einwohnerzahl auf ein Minimum geschrumpft ist. Lebten hier einmal an die 1000 Bewohner, halten heute gerade einmal 35 Seelen die Stellung.

Aus Dankbarkeit, dass die Seuchen besiegt wurden, wurde am Ende des Ortes die **Kirche des Heiligen Rochus** gebaut. Die kleine Steinkirche mit Ziegeldach und Loggia birgt einen außergewöhnlichen Kulturschatz Istriens: Beim Anblick der wertvollen Fresken aus dem ersten Drittel des 16. Jahrhunderts sowie der altkirchenslawischen Inschriften fällt einem fast die Kinnlade runter. Der Maler war Anton aus Padua, ein lokaler Meister aus der istrischen Ortschaft Padua neben dem heutigen Kašćerga. Weitere Wandmalereien finden Kulturinteressierte auch in der Friedhofskirche des Heiligen Eliseus rechts an der Einfahrt vor Draguć.

Vom **Renaissanceturm** in der Ortsmitte genießen Besucher einen herrlichen Ausblick bis zum Butoniga-Stausee, einem wichtigen Süßwasserspeicher in Istrien. Außerdem in und um den Hauptplatz zu finden: die Pfarrkirche des Heiligen Kreuzes, der Glockenturm, ein kleines Lokal, ein üppiger Zürgelbaum, der Steintisch und der Brunnen. Dazwischen herrscht Stille. Ruhe. Ergreifender Frieden. Außer, es wird hier ein Film gedreht, dann heißt es wieder: Action!

Der kleine Ort Draguć gehört zur Gemeinde **Cerovlje.** Parkplatz bei der Einfahrt rechts nach dem Friedhof.

Der Chirurg **Antonio Grossich** war ein berühmter Sohn von Draguć. Er erfand die Jodtinktur als Desinfektion. Geburtshaus gegenüber der Pfarrkirche des Heiligen Kreuzes. www.cerovlje.hr

Kurs auf die Sardinen

FAŽANA

....

Der charmante Küstenort Fažana huldigt der Sardine. Das kleine, silberne Fischlein kommt nicht nur auf die Teller, sondern ihm sind auch eine Straße, eine Akademie und ein Skulpturenpark gewidmet.

Wir sind in Fažana mit dem roten Touristen-U-Boot gefahren. Bevor Sie laut lachen: Es war der Geburtstagswunsch unseres Achtjährigen. Also dampften wir vom kleinen Hafen in Fažana ab in Richtung Süden. Was unseren Buben bald seltsam vorkam: Das U-Boot tauchte nicht ganz unter, sondern nur zur Hälfte. Es war ja auch „nur" ein Semi-U-Boot bzw. Glasbodenboot. Also nix mit 20.000 Meilen unter dem Meer.

In der Unterwasserkabine drückten wir unsere Nasen am Panzerglasfenster platt: Erster Stopp – zu sehen waren schwarze Seeigel, weiche Seegurken, viele Steine und immer wieder kleine graue Fischlein. Das Highlight: ein vergessener Anker auf einem Betonsockel. Immerhin kein Plastikglumpert. Zweiter Stopp – zu sehen waren schwarze Seeigel, weiche Seegurken, viele Steine und immer wieder kleine graue Fischlein. Auf die Frage in Richtung Kommandobrücke an den studentischen Herrn Kapitän kam ein lautes „Sardella!". Ah, Sardellen! „No", kam die Antwort. „Sardella!" Irgendwie verwirrend. Es ist nämlich so: Die istrianischen und italienischen Fischer nennen die Sardine „sardella", im Kroatischen heißt der Fisch „sredela" und im Deutschen „Sardine". Trotzdem werden die beiden Fische nahezu immer verwechselt.

An der Angel

In dem liebenswerten Küstenort Fažana, der acht Kilometer nördlich vor Pula ankert, dreht sich alles um die Sardine. Sie ist Symbol, Wahrzeichen und Stolz der Bewohner. Überall begegnet uns das kleine Fischlein: In den Fischernetzen im Hafen und auf den Tellern der Lokale entlang der „cesta sardela" – der Sardinen-Straße. Wir lieben die Sardinen ganz

33

Fischerdorf Fažana

klassisch auf dem Holzofen gegrillt oder im Ofen fein überbacken, mit Schalotten und Rucola, auf Pasta oder als kleinen Happen als Bruschette, in einer Guacamole oder die ganz kleinen Exemplare frittiert oder salzig eingelegt. Die Zubereitungsarten zeigen sich quasi unendlich. In Fažana besitzt die Sardine außerdem eine eigene Akademie (da lernen Interessierte das Einlegen der Fische in Salz und Öl, das Flicken von Netzen usw.) sowie einen Skulpturenpark. Im Grünbereich der Promenade stehen Kunstwerke aus verschiedenen Materialien mit dem Motiv der Sardine im Mittelpunkt.

Kaleidoskop in Farben

An Deck des U-Bootes winken die Kinder den Menschen an unserem Lieblingsstrand in Istrien zu. Einige winken zurück. Der Südstrand von Fažana mit dem Kinderspielplatz ist öffentlich zugänglich und nahe am Ortskern gegenüber der Brijuni-Inseln gelegen. Die besten Eisdielen (Il re de gelato und Leone) in Fažana sind nur fünf Fußminuten entfernt, den besten Kaffee serviert die Crew in der Bar La Barchetta

08

auf dem Hauptplatz. Auf der rechten Seite dominiert die Pfarrkirche der Heiligen Kosmas und Damian den weitläufigen Platz. Unweit davon die Kirche zur Muttergottes von Karmel: Unter der Loggia werden im Sommer Kunstwerke aus Olivenholz verkauft. **Zur abendlichen Stunde** strahlt Fažana wie ein Kaleidoskop in seinen schönsten Farben. Vor allem, wenn wir die Szenerie von der Mole aus betrachten. Überall in den belebten Gassen reihen sich Lokale, kleine Läden und Souvenirstände aneinander: mit Windspielen, leuchtenden Mini-Skateboards, Schildkröten aus Muscheln und Schlüsselanhängern in Form von Sardinen. Den seinen tauschte unser jüngster Sohn nach der U-Boot-Fahrt geschwind gegen einen Schwertfisch ein. „Der ist doch viel cooler." Oje, wenn das nur keiner in Fažana hört.

Info

In Fažana legen die Schiffe zu den **Brijuni-Inseln** ab (S. 19).

Fest der Sardine: Im Sommer feiert ganz Istrien in Fažana.
www.infofazana.hr

ESSEN UND TRINKEN

Alla Beccaccia: Bastion des istrischen Geschmackes in einer Wohnsiedlung in Valbandon zwischen Fažana und Pula. Fast am Meer, jedoch eine absolute Fleischadresse.
Pineta 25, 52212 Fažana-Valbandon. (+385 52) 52 07 53, www.beccaccia.hr

Arboretum Pub: Jung, urban, im trendigen Industriedesign. Gourmet-Burger in unzähligen Formen und Craft Beer. Besitzerin Nicoletta Balija produziert herrliches Olivenöl.
Galižanska cesta 8, 52212 Fažana. (+385 52) 52 01 93, www.balija.eu

36

Die Künstlerstadt

GROŽNJAN

Jedes Mal eine unglaubliche Freude: durch die unzähligen Ateliers und Galerien des kleinen Bergstädtchen Grožnjan zu flanieren. Für einen Urlaub wie gemalt. Inklusive Atelierbesuch bei Künstler Marko Brajkovic.

Maler, Musiker, Bildhauer und Fotografen, aber auch Schöngeister, Lebenskünstler und Kunstinteressierte. Sie alle treffen sich im Sommer in dem kleinen Städtchen Grožnjan, 15 Kilometer vom Meer entfernt, im grünen Westen Istriens. Und wir sind natürlich mittendrin im stimmungsvollen Gassenwirrwarr. Wenn zwischen mittelalterlichem Gemäuer plötzlich Klaviermusik und Trompetenschall erklingt. Wenn das Städtchen über dem Tal der Mirna überquillt vor Lebensfreude. Wenn Grožnjan aufgrund seiner vielen Besucher noch bunter wirkt als die Bilder von **Marko Brajkovic.** Der Maler lebt mit seiner Frau und seinen vier Kindern seit vielen Jahren in der Künstlerstadt. Sein Atelier liegt versteckt in den verwinkelten Gässchen, seine Galerie „Fratellini" findet man gleich bei der Kirche des Heiligen Veit.
Brajkovic gehört zur internationalen Kunstszene und für seine Bilder muss man sich wirklich Zeit nehmen. Sie gleichen nämlich gigantischen „Wimmelbildern". Überall auf der Leinwand gibt es etwas zu entdecken, es wimmelt von Allegorien und Symbolen. Brajkovic schmunzelt über den Vergleich: „Stimmt schon. Meine Bilder sind eine Art Comic." Viele Geschichten und Informationen werden komprimiert und miteinander verknüpft. Letztendlich strahlen die Bilder. „Es ist das Licht", schwärmt Brajkovic.
Dieses wärmende, wunderschöne Licht, das die Künstler hier zu Farbe und Pinsel greifen lässt. Denn das mittelalterliche Städtchen Grožnjan thront auf einem kegelförmigen, sonnigen, grünen Bergrücken hoch über dem Mirna-Tal.

37

Geisterstadt der Vergangenheit

Vom Vorplatz der Pfarrkirche überblicken wir den Nordwesten Istriens bis an die Adria. In der Stadt selbst gibt es viel zu entdecken und zu sehen: romantische Plätzchen, historische Durchgänge, Hortensien in Steintrögen, eine Kastanienallee, mit Wein berankte Lauben, mittelalterliche Gassen, eine venezianische Loggia, die alte Stadtmauer, das Stadttor aus dem 15. Jahrhundert, massive Steinhäuser, Palazzi, ein Kastell und überall Kopfsteinpflaster. Dazwischen: viele bunte Galerien, Ateliers, kleine Läden und Werkstätten. Es waren die Künstler, die Grožnjan in den 1960er-Jahren neues Leben eingehaucht haben. Denn in den 1950er-Jahren galt das Städtchen beinahe als Geisterstadt.

Jetzt steht die Künstlerstadt als touristischer Hotspot bei den Besuchern ganz weit oben in ihrer Gunst. Dann sehen sie Brajkovic meist vor seinem Steinhaus unter der Laube auf dem Boden sitzen und malen. Neben ihm ein freundliches Kunterbunt aus Pinseln, Farbtuben, Gläsern und Farbspritzern. Der Maler liebt eine gute Zigarette, tiefsinnige Gespräche mit Kunstinteressierten und führt mit viel Stolz und Lebensfreude durch sein Atelier. Eine wundervolle Welt voller Fantasie.

Info

Galerie Fratellini: Maler Marko Brajkovic stellt hier seine Bilder aus. Braće Corva 14, 52429 Grožnjan. www.fratellini.hr

Grožnjan: Über 40 Ateliers, Galerien, Studios. Am schönsten ist es hier am Abend, wenn die meisten Tagestouristen wieder weg sind. Dann trifft man die Künstler in den Gassen. Zu empfehlen ist auch das bekannte Jazzfestival im Sommer. www.tz-groznjan.hr

Marko Brajkovic

09

10

Dorfleben als Inspiration

HINTERLAND SLOWENISCHES ISTRIEN

Abseits des Adriatrubels tun sich im slowenischen Hinterland wahre Oasen auf. Mit einzigartigen Dorfschönheiten, waldreichen Hügeln, renommierten Weingütern und viel Platz zum Staunen.

Dass ich das Dorfleben so sehr mag, liegt an meiner unfassbar schönen Kindheit auf dem Lande. Das Land verschafft einem Raum, Zeit und Ruhe – ohne viel Ablenkung und Anonymität. Die Geselligkeit und das Sozialleben finden auf dem Dorfplatz statt – entweder auf einem Bankerl in der Sonne oder im Wirtshaus. Eine spezielle Zutat ist das Schweigen nach außen hin. Selbstverständlich grüßen die Menschen jeden freundlich oder nicken zumindest mit dem Kopf. Gerätschaften der Bauern wie Pflug, Egge, Rechen und Hacken sind keine romantischen Requisiten, sondern befinden sich stets im Einsatz.

Das slowenische Hinterland der Adria zählt wohl zu den abwechslungsreichsten Landschaftskulissen, die Istrien zu bieten hat. Wer unabsichtlich und zufällig hierherkommt, muss sich wirklich hoffnungslos verirrt haben. So versteckt liegen die Dörfer zwischen waldreichen Hügeln, sanften Tälern und feschen Weingärten an der kroatischen Grenze. Wie zum Beispiel **Korte.** Sieben Kilometer sind es nach Portorož. Die alte Schule im Ort ist längst ein Gästehaus geworden. Doch Korte ist nicht unbekannt, denn Feinschmecker zieht es in das Restaurant Hiša Torkla der Familie Kovačič. Chef Sebastijan bringt alles auf die Teller, was Meer und Erde hergeben: Wildspargel, Kirschen, Feigen, Pilze, Kaki, Fleisch und Fisch.

40 **Brauchtum und Traditionen**
Fünf Kilometer weiter treffen wir auf eine echte Dorfschönheit: **Padna.** Die kleine Siedlung im Šavrinje-Hügelland hat ihren Charme und Charakter seit Jahrhunderten bewahrt. Auf dem Südhang wachsen unzählige Olivenbäume der Sorte „Istarska Bjelica", die hübsche Silhouette

Dorfschönheit Padna

10

Bezauberndes Hinterland: Dragonja-Tal

zeichnet historische Steinhäuser und einen aufragenden Glockenturm. Dorffeste sind eine Sache der Bewohner. So auch hier. Daher gibt's auch keine oberflächliche Touristenfolklore, sondern authentisches Brauchtum und Traditionen. Wie das Mangold- und Olivenölfest Ende April zum Beispiel. Die Gäste von außen sind natürlich herzlich willkommen. Kunstbeflissen zeigt sich Padna in der Galerie „Božidar Jakac" – mit Zeichnungen und Grafiken des gleichnamigen großen, expressionistischen Malers, der einen Teil seines Lebens in der Gemeinde verbracht hat. Die Ausstellung findet sich in den renovierten Räumen der ehemaligen italienischen Schule.

Über das denkmalgeschützte Padna gelangt man in wenigen Kilometern in das bezaubernde Dorf **Šmarje.** Dort wacht das monumentale Weingut „Santomas" der Familie Glavina über die kleine Ortschaft. Nicht zu übersehen: der festungsgleiche Steinturm am Weingut. In diesen Weingärten wächst einer der besten Rotweine des Landes: der wunderbare Refošk. Erwähnenswerte Karstdörfer sind auch **Pomjan** mit einem herrlichen Blick auf Koper und das Meer sowie **Koštabona,** ein ehemaliges römisches Castrum. Wer würde zwischen den Häusern aus unbehauenem Karststein, den Bauernhöfen mit Rindern im Stall und den alten Weiblein mit ihren schwarzen Kopftüchern vermuten, dass ein wenig südlich von Koštabona an der kroatischen Grenze ein Designerweingut auftaucht? Es ist das Weingut „Brič", ein lang gezogener Bau, supermodern, aus Stein und Holz gebaut. Das Gut liegt auf einer Hügelkette, umgeben

42

von üppigen Weinreben. Im Herbst leuchtet der gesamte Weinberg in den schönsten Farben.

Weiler, Mühlen, Wasserfälle

Die Fahrt führt uns weiter nach **Krkavče.** Dort steht oberhalb der Siedlung am Wegrand ein geheimnisvoller keltischer Stein aus vorchristlicher Zeit. Er ist ca. 2,5 Meter hoch und ragt ca. 1,5 Meter aus der Erde. Auf dem Stein ist ein Mensch zu sehen, mit gekreuzten Beinen, ausgestreckten Armen und vielen Strahlen um den Kopf.

Bevor es durch das Dragonja-Tal Richtung Adria geht, lohnt sich ein Zwischenstopp in **Sveti Peter.** Im „Tonina Hisa" wird gezeigt, wie die Menschen früher Olivenöl produziert haben – die ausgestellte Olivenölmühle ist über 300 Jahre alt. Es ist auch das Gebiet rund um Sveti Peter, in dem schon lange köstliche Trüffel im Verborgenen liegen. Seit ein paar Jahren dürfen die Trüffeln auch „offiziell" gesucht werden. Das **Dragonja-Tal** selbst ist unbesiedelt: Entlang des idyllischen Flusses zeigt sich die Landschaft unbefangen – mit verlassenen Mühlen, Weilern und Wasserfällen. Ein Eldorado für Naturliebhaber, Momentebewahrer, Müßiggänger, Ruhesuchende, Wandersleute, Spaziergänger und Pedalritter.

Info

Klen'Art: Aleksander Klenar, an der italienischen Grenze, 8 km von Koper entfernt.
Plavje 55 a, 6281 Škofije. (+ 386 51) 35 34 42, www.klenart.si

ESSEN UND TRINKEN

Brič: Designerweinkeller, 5 km östlich von Koper. Qualitätsweingut mit internationalen und autochthonen Weinsorten. Vinothek, Restaurant.
Dekani 3b, 6271 Dekani (+386 5) 66 991 03, www.vinabric.si
Weingut. Novi Brič 1, 6274 Šmarje.

Santomas: Herrschaftliches, sehr modernes Weingut der Familie Glavina mit 50 ha Weingarten und 7,5 ha Olivenhain. Spezialisiert auf die autochthonen Weinsorten Malvasia und Refošk.
Šmarje 10, 6274 Šmarje. (+386 5) 63 926 51, www.santomas.si

Hiša Torkla: Fesches Feinschmeckerrestaurant in einer ehemaligen Olivenölmühle. Grandiose Weinauswahl.
Korte 44B, 6310 Izola. (+386 5) 620 96 57, www.hisa-torkla.si

43

11

Famose Fresken

HRASTOVLJE/KOPER

. . . .

Die Kirche der Heiligen Dreifaltigkeit im slowenischen Hinterland birgt eines der bedeutendsten Kulturdenkmäler Istriens: die Fresken von Hrastovlje. Gut verborgen hinter schützenden Wehrmauern.

Oft verbringe ich viel lieber meine Zeit in gemütlichen Weinbars und Konobas als zwischen sakralen Kunstwerken und Kirchenschätzen. Doch
jetzt stehen wir 20 Kilometer östlich von Koper am Ende des winzigen
Dorfes Hrastovlje und erblicken das steinerne Ensemble der **Kirche der
Heiligen Dreifaltigkeit** (Sveti Trojica). Von dem dreischiffigen Gotteshaus, das auf einer sanften Anhöhe liegt, sehen wir jedoch zuerst nicht
viel, weil es von einer viereckigen Befestigungsmauer umgeben ist. So
ragt nur der Turm mit seiner Pyramidenspitze hervor. An einen der zwei
Rundtürme schmiegt sich von außen ein riesiger Feigenbaum. Am Fuße
der Anlage schimmern silbern-grüne Olivenbäume, dahinter erhebt sich
der Karst mit seinen schroffen Felsen. Dass die Kirche inmitten üppiger
Weinreben gebettet liegt, sieht bei der Anfahrt besonders hübsch aus.
Außerdem ist es Ende Mai und die Perückensträucher, die mal hier, mal
dort wachsen, wirken, als wären sie in rosa Watte gepackt.

Farbenfroh und fabelhaft
In das Innere der Wehrmauer führt ein Torbogen. Jeder, der die Kirche
aus dem 15. Jahrhundert betritt, schlägt beeindruckt die Hände zusammen und dreht sich staunend im Kreis: Mein Gott, ist das schön! Hier
wimmelt es geradezu von Fresken. Von der Decke bis zum Fußboden –
Wände, Gewölbe und Bögen sind über und über bemalt. Von dieser Fülle
überwältigt, kann man sich auf Deutsch per Tonband die wichtigsten Informationen zukommen lassen oder, wie in unserem Fall, zeigt der Minis-
trant der Familie, unser ältester Sohn, Motive aus dem Christentum: die

44

Hrastovlje und der weltberühmte „Totentanz"

11

Schöpfungsgeschichte, Jesus und Maria, die Heiligen Drei Könige und die Apostel sind geschwind gefunden. Auch die Passionsgeschichte. Schwieriger: die Heilige Dreifaltigkeit. Überrascht waren wir von der bildlichen Darstellung der zwölf Monate. Das haben wir in einer Kirche noch nie gesehen. Die Fresken malte um 1490 der istrische Meister Johannes aus Kastav. Ganz sicher? Ja, ganz sicher. Er hat nämlich eines seiner Werke signiert. Die Unterschrift in altkirchenslawischen Schriftzeichen ist heute noch für Kenner lesbar. Im Jahr 1949 entdeckte der in Hrastovlje geborener Maler und Bildhauer Jože Pohlen unter zahlreichen Schichten Farbe die wertvollen Fresken, die erst in den 1980er-Jahren restauriert wurden. An dieser Stelle empfehle ich, sich im Ort die **Galerie Pohlen** anzuschauen: starke Bilder, gewaltige Skulpturen. Gegenüber der Kirche, auf einem Hügel, steht ein Pohlen-Kunstwerk – die Šavrinka-Statue.

Berühmter Totentanz

Das bekannteste Motiv in der Dreifaltigkeitskirche ist der **„Totentanz"** an der südlichen Wand. Er ist quasi schon zu einer Art Synonym für Hrastovlje geworden. Einen verblüffend ähnlichen Totentanz haben wir in Beram in Mittelistrien gesehen. Den hat Vincent aus Kastav gemalt. Sein Grundgedanke ist die Gleichheit aller Menschen vor dem Tode. Das hat den Menschen immer schon gefallen. Egal ob Papst, König, Königin, Kardinal, Bischof oder Mönch, reicher Kaufmann oder Geizhals, kraftstrotzender Jüngling oder Bettler. So mahnt diese ausführliche, farbenfrohe Darstellung, dass wir vergänglich sind. Zur Vergänglichkeit mahnt übrigens auch unser Magenknurren. Nach Črni Kal in das Dorf Osp ins Restaurant Hiša Majda sind es nur 9 km. Schnell etwas essen, sonst sterben wir.

Info

Hrastovlje gehört zur Gemeinde **Koper** und liegt ca. 20 km östlich der Hafenstadt. www.koper.si

Kirche der Heiligen Dreifaltigkeit: Hrastovlje, 6275 Črni Kal. Öffnungszeiten: Mittwoch bis Montag von 9–12 und 13–17 Uhr. Sollte die Kirche geschlossen sein, Schlüssel im Ort abholen: Es hängt immer ein Infozettel mit der aktuellen Telefonnummer auf dem Tor.

Galerija Jože Pohlen: Kunstwerke des in Hrastovlje geborenen Künstlers. Hrastovlje 19, 6275 Črni Kal

ESSEN & TRINKEN
Hiša Majda: Wunderbar gemütliches Lokal. Fantastische regionale Gerichte, viel frischer Fisch und Meeresfrüchte. Osp 88, 6275 Črni Kal. (+386 5) 659 01 10, www.majda.si

46

Städtchen im Mini-Format

HUM

Winzig und weltberühmt: Hum, „kleinste Stadt der Welt". Zwei Gassen, drei Häuserreihen, 29 Einwohner. Ein kurzer Spaziergang zwischen mittelalterlichen Mauern.

Klatsche ich begeistert in die Hände und rufe: „Heute machen wir eine Stadtbesichtigung!", lassen die drei Männer der Familie meist den Kopf hängen. Sie befürchten stundenlange Märsche, einen Haufen Kultur, trockene Geschichtszahlen. Aber: Heute ist ihre Angst unberechtigt. Denn auf unserem Programm steht Hum – eine ganz besondere Kleinstadt, 14 Kilometer südöstlich von Buzet gelegen. Der Begriff „Kleinstadt" ist hier wortwörtlich zu nehmen. Denn Hum ist wirklich ziemlich winzig. 28 Einwohner leben in der angeblich „kleinsten Stadt der Welt". Bald jedoch werden es 29 sein, verrät uns freudestrahlend die Dame hinter dem Tresen des Delikatessengeschäfts „Aura". Der gepflegte Laden, gespickt mit feinen Köstlichkeiten aus ganz Istrien, war früher das Schulgebäude von Hum. „Jetzt", erfahren wir beim Einkauf, „lernen die wenigen Kinder im rund sieben Kilometer nördlich gelegenen Ort Roč Lesen und Schreiben."

100 Meter lang, 35 Meter breit

Die Mikrostadt Hum im grünen Istrien hat sich als beliebtes Ausflugsziel etabliert. Dass die Gäste und Besucher so ziemlich jedes einzelne Haus akribisch unter die Lupe nehmen, scheint die Bewohner nicht zu stören. Schließlich tummeln sich in der Hauptsaison manchmal an die 500 Besucher auf 100 mal 35 Metern. Zur Freude der Familie: Egal, welche Richtung wir einschlagen, in einer Minute sind wir am anderen Ende – schließlich **47** gibt es nur zwei Gassen und drei Häuserreihen. Oberhalb des Parkplatzes beim Friedhof steht die **romanische Kirche des Heiligen Hieronymus** – drinnen können Kunstinteressierte die Fresken aus dem 12. und 13. Jahrhundert betrachten. Aufmerksamkeit verdienen das imposante **Stadttor** mit den Doppelflügeln, die barocke **Maria-Himmelfahrts-Kirche,** der frei stehende **Glockenturm** aus dem Jahr 1552 und die **Loggia** mit dem Gemeinde-Steintisch. Im Juni findet in dieser Loggia alljährlich die Wahl des Bürgermeisters statt. Mitmachen können ausschließlich die männlichen Bewohner von Hum. Die Stimmberechtigten erhalten beim Gemeindetisch ein Stück Holz, in das sie bei ihrem Favoriten eine Kerbe einritzen. Der Kandidat mit den meisten Kerben wird Stadtvorstand. Dieses Ritual aus dem 16. Jahrhundert wurde 1977 wiederbelebt.

Älteste slawische Schrift

Beim Bummel durch Hum entdecken wir putzige Läden mit Handwerkskunst und Urlaubsmitbringseln. Zum Beispiel kleine Steinhäuschen, bemalte Keramik, Olivenölflaschen in allen Größen, den bekannten Biska-Schnaps (das Ur-Rezept des Mistelschnapses stammt aus Hum), gefüllte Kräutersäckchen und handgeschnitzte Holzlöffel. Dazwischen: Stoffsackerln, T-Shirts und Halsketten mit ungewöhnlichen Schriftzeichen: den weltbekannten „Glagoliza". Die „Glagoliza" ist die älteste slawische Schrift, begründet von den Brüdern Kyrill und Method. Hum war eines der Zentren dieser historischen Schrift. Ihr wurde sogar eine Gedenkallee gewidmet. Entlang der Straße von Roč nach Hum. Elf Denkmäler aus Stein erinnern auf knapp sieben Kilometern an die Entwicklung des ersten slawischen Alphabets.

Und weil ich vor vielen, vielen Jahren während des Studiums tatsächlich einmal „Altkirchenslawisch" gepaukt habe, will ich auch jedes der elf Denkmäler genau unter die Lupe nehmen. Schon lassen die drei Männer den Kopf hängen. Dafür spendiere ich geschwind eine riesige Portion „Kroštule" (in Öl gebackene Teigschleifen) in der Humska Konoba. Das ist das einzige Wirtshaus der Stadt. Mit Steinterrasse und herrlicher Aussicht. Hausnummer? Ach, woher. Es gibt eh nur das eine.

Hum gehört zur Gemeinde **Buzet.** www.tz-buzet.hr

ZWISCHENSTOPP

Wasserfälle & Mühlen: Ein erfrischender Abstecher führt in das ehemalige Mühlendorf Kotli mit schönen Wasserfällen. Zwischen Hum und Roč. Einfach der Abzweigung folgen.

Druckerpresse: Der Ort Roč war Zentrum des glagolitischen Buchdrucks. Nachgebaute Gutenbergpresse mit glagolitischen Buchstaben nach Voranmeldung zu besichtigen. Vela vrata, 52425 Roč.

Stadttor

Humska Konoba

12

13

Mediterrane Gelassenheit

IZOLA

Eingerahmt von Koper und den mächtigen Steilklippen von Strunjan genießt das slowenische Hafenstädtchen Izola seine Beschaulichkeit am Meer.

Was für ein herrlicher Wintermorgen in Izola. Ruhig. Entspannt. Es duftet nach salziger Meeresluft und nach feinem Puderzucker. Es ist Februar und bald Karnevalszeit, da backen die Frauen in Istrien fleißig Krostule – das sind eine Art Weinstrauben (s. S. 48). Die Sonnenstrahlen wärmen das Gesicht, am Hafen trippeln die Kleinsten vom Kindergarten vorbei und beim Fischgeschäft „Livante" hinter dem Hotel Marina bildet sich eine Menschentraube. Dobro jutro – da ist aber viel los! Das Wochenende naht, wer zu spät kommt, nimmt Sardinen. Die Heuschreckenkrebse sind als Erstes verkauft, Steinbutt gibt's heute nur auf Vorbestellung. Dafür bringt ein älterer Herr gerade eine frische Ladung Zahnbrassen in den Laden und wird mit einem fröhlichen „Zdravo, Viktor!" begrüßt. Scampi, Garnelen, Oktopus, Seeteufel, Marmorbrassen, Drachenkopf – noch ist alles da für einen reich gedeckten Tisch.

Treffpunkt Altstadt

Der Alltag in der slowenischen Küstenstadt Izola zwischen Koper und Piran ist etwas Wunderbares. Wir bekommen nämlich keine glitzernde Fassade zu sehen, sondern nehmen teil am Leben der Menschen. Izola drängt sich niemanden auf, überlässt die Stadt nicht den Gästen und gehört in erster Linie sich selbst. Das verschafft natürlich eine unglaubliche, mediterrane Gelassenheit. Somit mutiert der Ort auch im Sommer nicht zum Freiluftmuseum. Das tägliche Leben als Touristenattraktion. Eigentlich genial. Denn klassische Sehenswürdigkeiten gibt es in Izola nur wenige. Der spätbarocke Palast **Besenghi degli Ughi** ist sehr schön mit seiner verspielten Fassade, viel Stuck und den schmiedeeisernen Fenstern. Die

50

Hafen von Izola

13

Kirche der Heiligen Maurus und Donatus aus dem 16. Jahrhundert verleiht der 16.000-Einwohner-Stadt ihre unverkennbare Silhouette. Auf den frei stehenden, 30 Meter hohen Glockenturm führen 99 Stufen. Für alle, die Izola mit seiner hübschen Marina aus der Vogelperspektive erleben möchten.

Vor und nach dem Einkauf trifft sich die halbe Stadt in der **Weinbar Manzioli** bei der Marienkirche in der Altstadt. Das Lokal der Winzer-Familie Zaro liegt im Erdgeschoß des Palastes Manzioli (nebenan: Palast Lovisato) aus dem 15. Jahrhundert. Da war Izola noch lange Zeit eine Insel. Bis ins frühe 19. Jahrhundert verband eine Steinbrücke die Stadt mit dem Festland. Erst dann wurde eine fixe Verbindung gebaut. Im Obergeschoß finden Kunstausstellungen statt. Familie Zaro besitzt auch ein „Weinboot", auf dem wir herrliche Tropfen verkosten können. Na Zdravje! Auf jeden Fall müssen wir im August spätestens wieder nach Izola kommen. Da findet nämlich der alljährliche Tomatensauce-Kochwettbewerb statt, die **Šalšijada**. Da gibt es einen Buben aus dem Kärntner Lavanttal, der da um jeden Preis mitmachen möchte. Nur: Ob mein elfjähriger Sohn gegen die Omas, die Männer-Kochrunden und die Profiköche aus Izola mit ihren riesigen Töpfen eine Chance hat?

www.visitizola.com

Archäologiepark Simonov Zaliv: Römische Ausgrabungen einer Villa mit Bodenmosaiken. Führungen auf Deutsch.
Tomažičeva ulica 11, 6310 Izola.

„Haus des Meeres": Schön aufbereitetes Museum rund um Izolas Fischereitradition. Alme Vidova 3, 6310 Izola.

ESSEN UND TRINKEN

Marina: Hotel-Restaurant (mit Gault-Millau-Haube) als Genussoase im Hafen. Blick auf schunkelnde, bunte Boote und viel Frischfisch am Teller. Veliki Trg 11, 6310 Izola. (+386 5) 660 41 00, www.hotelmarina.si

Vinothek Manzioli: Weinbar der Familie Zaro bei der Marienkirche. Dazu gibt's kleine Happen: Schinken, Käse, Salami und Eingelegtes. Weinbar. Manziolijev trg 5, 6310 Izola. Weingut Zaro. Polje 12/a, 6310 Izola. (+386 41) 21 85 47, www.vinozaro.com

Dvigrad – die verlassene Geisterstadt

KANFANAR

220 verfallene Häuser, Kirchen, Paläste. Die Dvigrad bei Kanfanar ist ein zauberhaft versteinerter Ort und strahlt in ihrer Einsamkeit die Kraft vergangener Tage aus.

Warten Sie kurz, ich muss schnell Georg oder Helmuth anrufen. Das sind liebe Kollegen von mir. Die zwei schreiben Bücher über vergessene Orte, sprich über „lost places". Und weil das steinerne Ensemble der Dvigrad gerade so richtig Eindruck macht, muss ich die Abenteurer dringend über diesen unglaublich mystischen Winkel in Istrien informieren.

Dvigrad liegt ca. 20 Kilometer von Rovinj und drei Kilometer westlich von Kanfanar entfernt, am Ende des Limski-Kanals. Sie ist die größte mittelalterliche Ruine in Istrien mit 16.000 Quadratmetern. Kaum zu glauben: Die Doppelburg (daher der Name Dvigrad) war einst eine der imposantesten und bedeutendsten Burgenstädte Istriens. Über 220 Gebäude standen hier. Errichtet auf zwei Hügel. Im frühen Mittelalter wurden nämlich zwei Burgenfestungen direkt nebeneinander gebaut: Moncastello und Parentino. Letzteres verfiel und Moncastello erhielt den Namen Dvigrad.

Gänsehautstimmung

Immer wieder wüteten in der Stadt die Pest und andere Seuchen wie Cholera und rafften die Bewohner dahin. Die Kriege taten den Rest. Anfang des 17. Jahrhunderts lag die Stadt verlassen da. Geblieben sind laut Aufzeichnungen nur drei Familien. Aber auch die packten ihre Siebensachen und zogen 1714 ins benachbarte Kanfanar. Somit war die einst mächtige Festung dem Wetter, vor allem der Bora, und somit dem Verfall preisgegeben. Spannend: Die Dvigrad wurde nicht zerstört. Sie wurde einfach verlassen. Als Geisterstadt sorgt sie noch heute bei ihren Besuchern für Gänsehaut. Efeu wächst beständig aus den Mauerritzen, sogar Feigenbäume und Eichenbäumchen. Eidechsen flitzen von Stein zu Stein oder wärmen sich in der Sonne. Überall wuchert der wilde Wein. Imposant stemmt sich die Dvigrad gegen den Zahn der Zeit und versucht, sich ihre steinerne Schönheit zu bewahren. Doch überall bröckelt und bröselt es vor sich hin. Obwohl die Renovierungs- und Instandsetzungsarbeiten begonnen haben, zählen bei der Besichtigung auf eigene Faust ein sicherer Schritt und vorsichtige Blicke nach oben und unten.

Geschichte und ein Schatz

Was die verlassene Geisterstadt auf jeden Fall weckt: historisches Interesse, Forschergeist und Fantasie. Mit ein wenig Vorstellungskraft begibt man sich auf eine beeindruckende Reise in die Vergangenheit, in der die Stadt umringt war von einer doppelschichtigen Mauer inklusive drei Stadttoren sowie drei Wehrtürmen. Auf dem höchsten Punkt befindet sich die **Basilika der Heiligen Sofia.** Davor: der **Hauptplatz** und der **Stadtpalast.** Außerdem zu sehen: ein Backofen und offene Grabstätten. Dazwischen bauen die Besucher mit den losen Steinen Steinmännchen wie zu Hause auf unseren Almen in Kärnten.

Viele Legenden ranken sich um Dvigrad. Eine erzählt vom gigantischen Piratenschatz des Kapitäns Henry Morgan. Der soll hier irgendwo vergraben sein. Oder im benachbarten Dorf Mrgani. Das rufe ich begeistert dem Kollegen Georg ins Telefon. „Ja, ja", winkt er ab. „Und noch an tausend anderen Stellen auf dieser Welt." „Gut", sage ich. „Selber schuld. Das nächste Mal rufe ich bei einer wichtigen Information den Helmuth an."

Die **Dvigrad** ist (noch) frei begehbar. Von Kanfanar leicht zu finden, weil überall gut beschildert. Imbissstand, Parkplatz.
52352 Kanfanar. www.visitkanfanar.hr

Kurzer Zwischenstopp: Unterhalb der Dvigrad kommt man an der **Kirche der Heiligen Maria von Lakuć** vorbei. Dort findet man spätgotische Fresken des bekannten „Bunten Meisters". Spannend: glagolitische Graffiti. Falls die Kirche geschlossen ist, um den Schlüssel im Pfarrhaus von Kanfanar fragen.

54

Wertvolle Fresken

Ruinenstadt Dvigrad

14

15

Wilde Schönheit

KAP KAMENJAK

Türkisblaues Meer, bizarre Felsformationen und bezaubernd-schöne Buchten. Das Naturschutzgebiet Kap Kamenjak an der Südspitze Istriens zeigt sich als Paradies für Aktivurlauber und Sonnenanbeter.

Das Spannende an Istrien: Hält man sich von den riesigen Hotelanlagen am Meer fern, beginnen sofort die Abenteuer. Wie zum Beispiel auf dem Weg zum südlichsten Punkt Istriens, dem Kap Kamenjak. Die Straßen holpern, es geht vorbei an verschwiegenen Dörfern und kleinen Steinhäusern, vor denen Mütterchen mit kleinen Fläschchen Olivenöl und einem Sackerl Feigen sitzen. Das pulsierende Zentrum von Pula haben wir längst einige Kilometer hinter uns gelassen. Gleich nach dem fröhlichen Urlaubsort Premantura befindet sich die Zufahrt zum Kap Kamenjak, dem Naturschutzgebiet am südlichsten Punkt Istriens, auch Punta genannt.

Der Naturpark ist 9,5 Kilometer lang, 1,5 Kilometer breit und zeigt unberührte Landschaften in Bestform: 30 Kilometer zerklüftete Küste, kleine unbewohnte Inseln, Pinienwälder, Traumbuchten, spektakuläre Klippen. Immer wieder kann man Delfine sehen oder sogar eine der seltenen Mönchsrobben. Irgendwann entwirrt sich das grüne Gestäcke der Macchia und gibt einzigartige Ausblicke frei: auf das glitzernde Meer, auf schroffes Felsgestein, auf eine Schafherde und auf Graslandschaften, auf denen seltene Orchideenarten blühen. Das beeindruckt so sehr, dass wir mit dem Schauen gar nicht fertig werden. Wer nicht nur zum Entspannen gekommen ist, wird aktiv: zu Land oder im Wasser. Mountainbikerouten und Wanderwege warten darauf, entdeckt zu werden. 30 Lieblingsbuchten mit Kies und Felsen verlocken zum Schnorcheln, Tauchen und Schwimmen. Da immer eine Brise weht, gilt das Naturschutzgebiet als Hotspot für Kiter und Windsurfer. Beliebt ist vor allem der **Školjić-Strand** im Osten von Kamenjak – ein flacher Strand mit teils sandigem Boden. Hier kann man auch Kajaks ausborgen.

Istriens südlichster Zipfel: das Kap Kamenjak

Leuchtturm Porer

15

Besonders idyllisch: die Bucht **Pinizule** an der nördlichen Westküste: Kiesstrand, Felsen, Schatten unter den Pinien, eine kleine Strandbar. Entlang der Kalksteinküste sind Fossilien zu finden und sogar echte Fußabdrücke von Dinosauriern. Ein toller Platz zum Schnorcheln! Familien zieht es an den **Njive-Strand** – eine kleine Kieselbucht, umgeben von Felsen. Mit einem seichten Flachufer für Kinder – die Badeschuhe vergisst sowieso niemand in Istrien.

Die beliebtesten sind jedoch die Buchten **Veli Kolombarica** und **Mali Kolombarica** ganz an der Spitze des Kaps. Tollkühne Mädchen und Burschen beweisen hier von morgens bis abends ihren Mut und ihr Können – beim Klippenspringen von einer Höhe bis zu 13 Metern. Die Zuschauer bevölkern geradezu jeden Felsen rings um das Spektakel. Wer nicht selbst springen möchte, sonnt sich auf den glatten Felsen oder gönnt sich einen Drink in der legendären Safari Bar. Sie versteckt sich hinter mannshohem Pflanzwerk und einem Dschungel aus Bambus, Schilf und Holz. Außerdem ist hier genau der richtige Ort, um seinen Blick in Richtung des **Leuchtturmes Porer** auf hoher See schweifen zu lassen. Er ist 35 Meter hoch und 2,5 Kilometer vom Festland entfernt. Weit genug, um sich wie Robinson Crusoe zu fühlen. Einsam wird es auf Kap Kamenjak nach Einbruch der Dunkelheit. Dann ist der Naturpark menschenleer und geschlossen.

Info

Geöffnet 7–21 Uhr. Kleine Eintrittsgebühr für den Naturpark. Unterkünfte gibt es nur außerhalb von Kap Kamenjak. 80 Kuna/Auto. www.kamenjak.hr

Tourismusinformation: www.premantura.net, www.medulinriviera.info
Dino-Lehrpfad: 600 m langer Pfad der Dinosaurier. In der Bucht Grakalovac Pinizule. Echte Dinosaurierspuren auf den Uferfelsen. Frei zugänglich.

ESSEN UND TRINKEN

Batelina: Nicht verpassen! 10 km südlich von Pula, 4 km nordwestlich von Premantura wird jeder Feinschmecker glücklich. Spitzenkoch David Skoko bereitet Fisch und Meeresgetier auf höchstem Niveau zu. Sogar zum besten Restaurant Kroatiens wurde sein Fischlokal gewählt. Als Fernsehkoch mit eigener Sendung gehört Skoko zu den bekanntesten Köchen Kroatiens.
Čimulje 25, 52100 Banjole. (+385 52) 57 37 67

58

Sloweniens Seehafen

KOPER

Auf den Spuren der Serenissima. Von der Anziehungskraft der Hafenkräne, einer eleganten, venezianischen Altstadt und einem Streifzug durch das moderne Koper.

Kinder wollen im Urlaub beschäftigt werden. Wie machen das Eltern bloß in einer Stadt wie Koper? Sloweniens Seehafen hat fürs Kopfkino nämlich nicht gerade viel Zauber zu bieten – ist er doch von unzähligen Kränen, Schiffsmasten und Industrieanlagen geradezu eingeschlossen. Sehr zur Freude unserer Buben. Ich sage Ihnen: Koper geht als einer der beeindruckendsten Ausflüge in die Urlaubsgeschichte der Familie Trippolt ein. Ich betone: unnahbare, majestätische Kräne, haushohe Masten, gigantische Hochseefrachter, riesige Schiffe, schwarz-rote Öltanker, bunte Container, die Küstenwache, Beladen, Entladen, Tuten – also alles zusammen ein Mordsspektakel. Der Blick von der nördlichen Marina in den betriebstüchtigen Seehafen ist zwar ein ungewöhnlicher Beginn einer Städtebesichtigung, aber auch der wohl spannendste. Die Kinder sind begeistert. Von der geschlossenen, venezianischen Altstadt von Koper merkt da noch keiner was. Gesichtslose Industriestadt? Ich bitte Sie: Allein schon der malerisch-historische und lebhafte Kern ist einen Besuch wert.

Stadt der tausend Sonnen

Koper liegt südlich der italienischen Hafenstadt Triest und ist die einzige Seehafenstadt Sloweniens. Allerdings misst die Adriaküste des Landes auch nur knapp 47 km. Als „Stadt der tausend Sonnen" hat Koper in seiner Geschichte viel erlebt. Aegida, Capris, Justinopolis, Insula Capraria, Caput Histriae, Capo D'Istria, Koper – allein schon die verschiedenen Namen zeugen von einer faszinierenden Geschichte: Von der ersten kleinen Siedlung auf einer felsigen Insel bis hin zur größten Küstenstadt Sloweniens. Falls Sie nicht mit Ihren Kindern die Kräne beobachten müssen,

59

beginnen Sie die Koper-Tour am besten beim Muda-Tor. Nach wenigen Schritten gelangen Sie zum **Brunnen „Da Ponte"** – eine sanfte Nachempfindung der Rialtobrücke in Venedig. Die Straße der venezianischen Handwerker und Kaufleute war die **Župančičeva ulica,** südwestlich des Hauptplatzes. Am Salzgeschäft der Salinen von Sečovlje vorbei gelangt man in die **Čevljarska ulica** – die Einkaufsstraße von Koper. Allerdings handelt es sich nicht um eine breite Shoppingmeile, sondern um eine schmale Gasse. Aha. In der Boutique Napoleon setzt man in diesem Jahr auf maritime Kleider, und das Antiquariat Lepi Spomini zeigt sein buntes Sammelsurium an Grammofonen, Telefonapparaten, Porzellan usw. Uns interessiert, was die Ledertasche in der Auslage kostet.

Venezianisches Erbe

Auf dem engen, gepflasterten Gässchen gelangt man zum Hauptplatz, dem Tito-Platz. Gegenüber des Prätoren-Palastes aus dem 13. Jahrhundert steht die **ehemalige Loggia,** die 1462 errichtet wurde und heute ein schönes Kaffeehaus beherbergt. Hier wird die lange Herrschaft der Venezianer sichtbar. So ist der Palast mit Zinnen bestückt und elegant weiß getüncht. Von der dreischiffigen **Mariä Himmelfahrts-Kathedrale** aus der zweiten Hälfte des 12. Jahrhunderts gibt es einen schönen Rundblick über Hafen und Stadt. Berühmt ist die Basilika vor allem wegen eines Bildes: das Gemälde „Sacra Conversazione" von Vittore Carpaccio aus dem

60

Regionalmuseum

Tito-Platz

Prätorenpalast

16

frühen 16. Jahrhundert, fünf Meter hoch. Man findet es vom Eingang aus gesehen rechts hinten. Vom viergeschoßigen Campanile aus bietet sich ein einzigartiger Ausblick über die Stadt und die Bucht von Triest.

Das Erbe der Venezianer hinter uns lassend, katapultieren wir uns am **Marktgelände** in die Jetztzeit. Eigentlich wird es hier richtig mediterran-urban mit trendigen Läden und hippen Cafés, kleinen Bistros, stylischen Schuhläden, Lokalen im Industrial-Design und lässigen Vintage-Eisdielen. Also genau der richtige Platz, um in das Stadtleben einzutauchen. Auf dem Markt tummeln sich im Freien unzählige Menschen, an allen Ständen werden Fisch, Obst, Gemüse verkostet und gekauft. Dazwischen dampft es aus der Fritolin-Fischbude – Seafood-Fastfood alias „Fritto misto" kommt auf die Pappteller. Daneben: die lange Promenade, Palmen und Oleander.

Info

www.koper.si

Regionalmuseum: 2500 Jahre Geschichte werden hier gezeigt: Funde, Fotografien usw. Kidričeva ulica 19, 6000 Koper. (+386 41) 55 66 44, www.pokrajinskimuzejkoper.si

Škocjanski zatok: 122 ha großes Naturreservat mit botanischen, zoologischen, landschaftlichen Besonderheiten, 250 Vogelarten, Besucherzentrum in lässiger Holzarchitektur.
Sermin 50, 6000 Koper. (+386 5) 626 03 70, www.skocjanski-zatok.org

ESSEN UND TRINKEN

Capra: Modernes Lokal im urbanen Industriedesign. Mediterrane Gerichte. Pristaniška ulica 3, 6000 Koper. (+386 41) 60 20 30, www.capra.si

Mahorčič: Fine-Dining im gemütlich-eleganten Ambiente. Fantastische Desserts! Rodik 51, 6240 Kozina. (+386 5) 68 00 400, www.gostilnamahorcic.wordpress.com

WEIN UND OLIVENÖL

Dujc: Der bekannte Olivenölpionier Vanja Dujc produziert hochwertige Olivenöle. Dolga reber 4, 6000 Koper. (+386 40) 23 45 37, www.vanjadujc.net

Lisjak: Großartiges Olivenöl der Brüder Lisjak, Designeranwesen mit trendigem Verkostungsraum. Breite Produktpalette. Šalara 28b, 6000 Koper. (+386 31) 89 33 78, www.lisjak.com

62

Der erste Vampir der Geschichte

KRINGA

Vergessen Sie Transsilvanien! Kringa in Istrien ist die wahre Heimat der Vampire. Denn Dracula heißt in Wirklichkeit Jure Grando.

Etwa 240 Jahre bevor der irische Schriftsteller Abraham Stoker seinen berühmten „Graf Dracula" zu Papier brachte, hatten die Dorfbewohner im istrischen Kringa bereits mit Jure Grando zu kämpfen. Dieser war der erste Vampir der Geschichte, dokumentiert vom slowenischen Universalgelehrten Johann Weichard von Valvasor im Jahr 1689.

Kringa erhebt sich direkt über die Limski-Schlucht im zentralen Istrien, 23 Kilometer östlich von Poreč. Als der Bauer Jure Grando im Jahr 1656 starb, soll er bereits in der ersten Nacht seiner Beerdigung aus dem Grabe gekrochen sein. Klopfte die schaurige Gestalt an die Haustür der Dorfbewohner, wurde jemand todkrank und starb. Blutleer fand man sie in ihren Betten. Außerdem stellte der Vampir den Frauen im Ort nach, vor allem den jungen Witwen. Ungläubige Stimmen munkeln, dass es sich dabei eher um einen Ehebrecher als um einen Blutsauger handelte, der da so des nächtens an die Fenster und Türen pochte. Ledigen Damen und Witwen war nämlich der Kontakt zur Männerwelt verboten.

16 Jahre soll Jure Grando sein Heimatdorf terrorisiert haben. Als Untoter, „Štrigon" genannt, trieb er sein Unwesen und verbreitete unter den Einwohnern Angst und Panik. Schließlich reichte es dem Priester Giorgio und dem Bürgermeister. Neun tapfere Männer marschierten auf den Friedhof und gruben Jure Grando aus. Sein Körper war vollständig erhalten, die Wangen schienen rosig und frisch. Sie versuchten ihn zu pfählen. Dies misslang. Da schlugen die Männer dem Vampir ratzfatz den Kopf ab und eine Ruhe war. Der Ort fristete daraufhin ein friedliches Dasein. Die Namen der Helden von Kringa sind in einer Steinplatte gemeißelt und auf dem alten Schulgebäude verewigt.

63

Legende, Mythos, Aberglaube

Von der Legende rund um Jure Grando gibt es x-fach verschiedene Ausführungen, denn Mythos und Aberglaube inspirierte die Bewohner, Literaten sowie Historiker. Die Popularität rund um das Vampirthema ist heute ungebrochen. In dem kleinen Ort Kringa dient sie als Basis für kulturelle und touristische Programme: So gibt es im Dorf immer wieder Lesungen, Wettbewerbe, Ausstellungen, ein kleines Vampirmuseum und ein Vampir-Café.

Wer sich Kringa als einen schauerlichen, finsteren und grauslichen Ort vorstellt, dem zeigt sich bei einem kurzen Rundgang ein völlig anderes Bild: Istrische Steinhäuser reihen sich aneinander, mit hübschen Gärten, in denen Palmen, Pelargonien oder Pinien wachsen. Gegenüber der ehemaligen Schule mit den beiden Zisternen und dem Gedenkschild steht die **Peter-Paul-Kirche** mit dem separaten, 31 Meter hohen Glockenturm. Durchschreiten Gäste das Steintor des Campaniles, betreten sie den kleinen Friedhof. Hier tüftelt so mancher Besucher, wo denn das Grab des Jure Grando zu finden ist. Laut Auskunft im Tourismusbüro weiß das bis heute niemand.

Als kulinarische Rast haben wir uns die Konoba Danijeli bei Kringa ausgesucht. Da bekommen wir eine Bukaleta serviert. Das ist ein istrischer Tonkrug mit roter Weinsuppe. Sie ist blutrot vom Rotwein, dem Teran. Nach dem ersten Schluck stellen wir fest: Knoblauch! Tüchtig Knoblauch. Vielleicht gehen die Bewohner in Kringa doch noch auf Nummer sicher. Knoblauch soll ja vor dem Biss der Vampire schützen.

Kreuzgruppe: Die drei Steinkreuze direkt am Ortseingang von Kringa sollen Schutz vor dem Vampir bieten.

Wanderweg „Suhozida": Ein schöner Wanderweg führt 13 km entlang von Trockenmauern von Kringa nach Tinjan.

64

Kringa, der erste Vampir der Geschichte

18

Ein göttliches Reiseziel

LABIN

Das mittelalterliche Städtchen Labin an der südlichen Ostküste präsentiert sich mit einem abwechslungsreichen Potpourri aus Geschichte, Kultur, Abenteuer und Genuss. Dafür sorgt die Göttin Sentona.

Inspiration, Begeisterung, Kreativität. Ein Besuch in Labin beflügelt. Kein Wunder, verführt das mittelalterliche Städtchen an der Ostküste Istriens durch eine ganz besondere Muse: die Göttin Sentona. Als Schutzpatronin der Reisenden begegnet sie Besuchern und Gästen auf Schritt und Tritt. Auf einem nach ihr benannten, wunderschönen Wanderweg nach Rabac zum Beispiel. Als Kleid in der Haute Couture. Als Naturkosmetiklinie im Wellnesszentrum. Als Torte im Kaffeehaus. Im Lapidarium. Hier bezeugen historische Funde in Form von römischen Altären mit Inschriften, dass die liburnische Göttin im ersten und zweiten Jahrhundert auf dem Gebiet von Labin, Raša und Plomin sehr verehrt wurde.

Als Testimonial ist Sentona längst zurückgekehrt: Keine Geringere als das bekannte kroatische Supermodel Nikolina Miletic schlüpfte für ein Fotoshooting in das wallende weiße Kleid der Göttin. Als schönste Frau des Landes ziert Miletic so ziemlich jede Titelseite. Seitdem ist Sentona aus Labin nicht mehr wegzudenken.

Ehemaliges Bergbaudorf

Um die 12.000 Einwohner zählt die Stadt, die auf einem Hügel rund fünf Kilometer von dem Küstenort Rabac ruht. Sie besteht aus zwei Stadtteilen: Stari Grad und Podlabin. Das Häusermeer reicht jedoch längst bis in die Unterstadt. Palazzi, Prunk und Prestigebauten finden wir in Labin nur wenige. Denn es waren großteils die Arbeiter der Bergwerksstollen, die hier lebten und in dem Gebiet nach Steinkohle gruben. Sehenswert sind

66

Labin, am Meer Rabac

Enoteca Terra Labin

18

jedoch neben der dreischiffigen Kirche „Mariä Geburt" die Loggia aus dem frühesten 17. Jahrhundert, das Renaissance-Stadttor sowie die Paläste der Familien Scampicchino und Lazzarini-Battiala, dem heutigen **Volkskundemuseum**. Dort befindet sich im Kellergeschoß ein nachgebauter, 150 Meter langer, begehbarer Bergwerksstollen. Außerdem erfährt man im Palazzo Franković-Vlačić alles über den engsten Mitarbeiter von Martin Luther. Das war Matthias Flacius Illyricus – ein Bewohner Labins. Einen bezaubernden Panoramablick bietet die **Festung Fortica** am westlichen Ende der Altstadt. Der Hauptplatz hält im Sommer dem Schwarm der Besucher stand, denn es wechseln sich überall Ateliers, Galerien, kleine Läden, Vinotheken, Restaurants und Cafés ab. Wenn Sie auf einer Speisekarte **Labinski Krafi** lesen, müssen Sie diese süße Köstlichkeit unbedingt bestellen: Dabei handelt es sich um gefüllte Teigtaschen, eine hiesige Spezialität. Schmeckt übrigens göttlich!

Info

www.rabac-labin.com

ESSEN UND TRINKEN

Due Fratelli: Klassiker zwischen Labin und Rabac. Bodenständige Wirtshausküche. Fisch und Meeresgetier werden auf Silberplatten serviert, das Fleisch auf der offenen Feuerstelle zubereitet.
Montozi 6, 52220 Labin. (+385 52) 85 35 77, www.due-fratelli.com

Kunst und Gourmetgalerie Negri: Verkostungen von Olivenöl, Schinken, Käse, Wein im Palast Negri. Dazu bildende Kunst.
G. Martinuzzi 11, 52220 Labin. (+385 52) 87 52 80, www.negri-olive.com

ZWISCHENSTOPP

Skulpturenpark Dubrova mit 94 spannenden Ausstellungsstücken am Ortsbeginn von Labin.

68

Emil und die Austern

LIMSKI-KANAL

Knack, träufel, schlürf. Istrische Austern, direkt aus dem Meer auf die Teller. Emil Sošić züchtet die edlen Muscheln im Limski-Kanal.

Emil zieht mit seinen kräftigen Armen einen schweren Netzkorb an Bord, leert daraus circa 30 Muscheln an Deck und zückt das kleine Stahlmesser, das er in seiner blauen Latzschürze verborgen hält. Mit sicherem Griff knackt er die erste Auster, beträufelt sie mit einem Spritzer Zitronensaft und reicht sie uns. „Nicht schlürfen, essen", lautet die Anweisung. Gerne! Andere brauchen für ihr Austernmahl ein rauschendes Fest und Champagner, wir finden den Limski-Kanal und ein Gläschen Malvasia wunderbar.

Seit 2003 züchtet Emil Sošić Muscheln im Limski-Kanal. Das ist ein schmaler Meeresarm zwischen Vrsar und Rovinj an der Westküste Istriens. Oft wird er auch Fjord genannt. Dabei handelt es sich weder um einen Kanal noch um einen Fjord, da er durch die Erosion eines Flusses entstanden ist. Wir haben uns angewöhnt, Limski-Kanal zu sagen. Auf uns wirkt die Bucht wie ein natürlicher Blutdrucksenker: mit ihrem dichten, dunklen Wald ringsherum, mit ihrem tiefen Türkis und ihrer kraftvoll-beruhigenden Ausstrahlung. Unumstritten einer der schönsten Naturschätze Istriens! Kurz die Zahlen, für die Pragmatiker unter uns: Die Bucht ist über zehn Kilometer lang, bis zu 30 Meter tief und misst an ihrer breitesten Stelle um die 600 Meter. Der Limski-Kanal ist Teil des 35 Kilometer langen Lim-Tals. Seit 1964 steht das Gebiet unter Naturschutz, Baden und Motorboote sind verboten.

Der Muschel-Trick

Emil studierte Tourismus und hat schon vor vielen Jahren Anzug und Krawatte gegen Gummistiefel und Arbeitsmontur getauscht. Der Istrianer züchtet nicht nur die Europäische Auster (ostrea edulis, Tellerauster),

69

sondern auch Miesmuscheln, Venusmuscheln (Meerestrüffel) sowie Arche-Noah-Muscheln, die Kunjke, meine absoluten Lieblingsmuscheln. Sie kommen nur vor Südafrika und von Triest bis zum Limski-Kanal vor. Oft beobachte ich in Restaurants, dass die Kunjke auf den Tellern liegen bleiben, weil nicht jeder weiß, wie das Gehäuse zu öffnen ist. Trick: Mit einem Messer die Schale der Muschel aufdrehen – funktioniert wie ein Schlüssel im Schloss.

Im Limski-Kanal mischen sich Süß- und Salzwasser, daher herrschen ideale Bedingungen für die Muschelzucht – mit einem geringeren Salzgehalt und einer hohen Sauerstoffkonzentration. Im späten Herbst setzt Emil die jungen Austern in die Netzkörbe, die er immer wieder säubert. Um eine Größe von sieben Zentimetern zu erreichen, reifen die Muscheln rund drei Jahre im Wasser. In dieser langen Zeit kümmert sich Emil um jede einzelne – das ist eine sehr zeitintensive und aufwendige Knochenarbeit. Mindestens 30 Mal nimmt er jede Auster bis zur Marktreife in die Hand. Oft müssen die Schalentiere neu sortiert werden, damit alle gleich viel Futter bekommen. Wohl über einhunderttausend Austern hat Emil in den letzten Jahren geöffnet. Eine Perle hat er jedoch noch nie gefunden. Egal: Der größte Schatz ist ohnehin der Geschmack.

Anfahrt: Küstenstraße zwischen Vrsar und Rovinj. Schiffstouren ab Pula, Rovinj und Poreč.

Istrida Austernzucht: Die Austernhütte steht direkt am Limski-Kanal vor den Restaurants Viking und Fjord. Muschelzüchter Emil Sošić (er spricht gut Deutsch) zeigt Interessierten gerne seine Arbeit. Verkostungen und Besichtigung auf Anfrage. Limski kanal bb. (+385 52) 43 82 26, www.istrida.com

ESSEN UND TRINKEN

Viking: Sehr großes, beliebtes Ausflugsrestaurant. Viel frischer Fisch und natürlich die Limski-Muscheln stehen auf der Speisekarte. Limski Kanal bb. (+385 52) 44 81 19

SEHENSWERT

70

Romualdo-Höhle: Mit prähistorischen Funden. An der Ostseite der Bucht von Lim.

Piraten-Höhle: Per Boot erreichbar. Hier wurde eine Szene von „Winnetou" gedreht. Mit Piratenbar.

19

Emil Sošić

20

Vom Baum in die Flasche

LIVADE

Das „Grüne Gold". Der bekannte Guide „Flos Olei" hat Istrien längst zur besten Olivenölregion der Welt gekürt. Ein Besuch bei Produzentenfamilie Ipša bei Livade.

Geht es ums Essen, sind wir dabei. Vor allem, wenn es sich um das sagenhaft gute Olivenöl aus Istrien handelt. Der Olivenbaum ist nämlich der Inbegriff des mediterranen Lebensstils. Heute sitzen wir gemütlich unter der schattigen Laube der Famlie Ipša. Die Kinder turnen in den Weingärten herum und Ivan Ipša füllt die Gläser mit seinem herrlichen Sveti Pinot. Ich sage nur: biologisch vergorener Geheimtipp. Mutter Irena hat aufgetischt: Pršut, Salami, Käse, Weißbrot. Dazu kredenzt Patron Klaudio Ipša herrliches Olivenöl. Seine Lieblingssorte? Frantoio. Unsere? Leccino. Wirtefreund Sergio „Čok" Jugovac aus Novigrad ist natürlich mit von der Partie und heute mit dem Auto und nicht wie sonst mit dem Fahrrad in das kleine Dorf gekommen, das fast so heißt wie einer der besten Olivenölproduzenten Istriens: Ipši. Beim Anblick der grün-schimmernden Terrassen über dem Mirna-Tal, auf denen sich Baum an Baum reihen, nicken wir mit dem Kopf: Olivenbäume sind ein Segen.

Von Hand gepflückt

Bereits Ende September beginnt die Familie mit dem Ernten. „Früher haben die Bauern gewartet, bis die Oliven schwarz waren", erzählt Klaudio. Das sei heute nicht mehr üblich. „Wir ernten sie grün." Die Oliven werden natürlich von Hand gepflückt, maximal mit einem kleinen Recherl vorsichtig von den Ästen gestrichen, noch am selben Tag verarbeitet und kalt gepresst. Das sei laut Klaudio, ganz bescheiden erklärt, das ganze Geheimnis seines Weltspitzen-Öles. Frühe Ernte, rasche Verarbeitung, perfekte Lagerung im Steinkeller. Extra vergine? Darüber spricht niemand hier, weil selbstverständlich.

Olivenernte mit Ivan Ipša

20

Sergio „Čok" Jugovac, Claudio Ipša, Josef Trippolt

Ohne kostbares Öl geht in der istrischen Küche gar nichts, denn es bildet deren geschmacksvolle Basis. Auf der Adria-Halbinsel gedeihen 23 verschiedene Arten von Oliven, auf über einer Million Bäumen – einheimische und eingeführte Sorten. Eine autochthone Besonderheit ist die istrische „Buža" oder die „Bjelica". Aufgrund der spannenden Sorten, der hohen Qualität und der Unverwechselbarkeit hat der bekannte Olivenöl-Guide „Flos Olei" Istrien längst in den Adelsstand erhoben und zur besten Olivenölregion der Welt gekürt. „Wir haben eben alles – genügend Sonne, Wind und Wasser", bringt es Klaudio auf den Punkt. Bis obenhin haben wir unser Auto vollbepackt mit Wein und Olivenöl. Frantoio? Auch. Aber vor allem Leccino.

Ipša: Die Olivenöle der Familie Ipša gehören zu den besten der Welt. Ab-Hof-Verkauf, aber auch Bestellungen im Internet.
Ipši 10, 52427 Livade. (+385 52) 66 40 10, www.ipsa-maslinovaulja.hr
Die von „Flos Olei" ausgezeichneten Olivenölproduzenten
unter www.flosolei.com

Olivenöl-Straßen: Achten Sie auf die olivgrünen Schilder mit der Aufschrift „cesta maslinova ulja". Sie führen Sie zu den spannendsten Olivenöladressen. www.istria-gourmet.com

Heiße Maroni!

LOVRAN

Das mediterrane Lovran südlich von Opatija schmiegt sich an die Ausläufer des Učka-Gebirges: Dort gedeihen Kastanien, denen sogar ein kulinarisches Festival gewidmet ist.

Eigentlich müsste diese Geschichte damit beginnen, dass eine Torte durch das Küchenfenster fliegt. Meine Mutter ist nämlich eine perfekte Kuchen-, Torten-, Brot- und Alles-Bäckerin. Mit Eiern von glücklichen Hühnern direkt vom Nachbarn und gutem Zureden vor dem Backrohr kann eigentlich nichts schiefgehen: „Sei schön brav und geh' ja schön auf." Die Krönung aller Herbstsonntage war der Sonntag, an dem es eine Kastanientorte gab. Hoch wie drei Telefonbücher dick, mit tüchtig Schlagobers und feinst geriebenen Kastanien. Ich erinnere Sie daran, dass es in meiner Kindheit keine Maronikonserven gegeben hat, die Mutter öffnen konnte. Daher mussten wir auf den passenden Wind warten, bis die Kastanienigel von den Bäumen herunterpurzelten. Dann mussten wir schneller sein als alle anderen aus dem Dorf und mit einem Korb zum Sammeln ausrücken. Bis die Kastanien dann gekocht, von Hand unter brühheißem Wasser geschält und enthäutet waren, vergingen noch einmal Stunden. Dann noch das Backen des Kuchens usw. Und jetzt stellen Sie sich vor, wenn jemand – vielleicht jemand wie ich – als zehnjähriges Mädchen – vergisst, den Kuchen aus dem Rohr zu nehmen. Kein Wunder, dass der verbrannte Klumpen aus dem Fenster flog.

Kastanienzeit

Warum ich Ihnen diese Geschichte erzähle? Weil ich bei jedem Besuch in Lovran daran denken muss. Vor allem im Herbst, wenn die Bewohner ihr bekanntes Kastanienfest, die **„Marunada"** feiern. Die Maroni ist eine weitergezüchtete Form der Edelkastanie, dicker und runder. Seit dem Jahr 1973 ist zwischen Lovran und den Orten Dobreć und Liganj bis

Opatija alles auf den Beinen, um der Edelkastanie zu huldigen. Auf allen Speisekarten findet sich der köstliche Tausendsassa – püriert in Suppen, als Mehl zu Brot geformt, gefroren als Eis, herrlich cremig gerührt als Mousse, zuckersüß kandiert und am liebsten, wie in meiner Heimat in der Steiermark, einfach über dem Feuer geröstet. Dann fühle ich mich wie zu Hause – und das in Lovran, acht Kilometer südlich von Opatija. Im Rücken das Učka-Gebirge, vor einem die Kvarnerbucht. Der beliebte Ferienort hat sich bereits zu k.-u.-k.-Zeiten einen Namen als Luftkurort und Seebad gemacht. Oberhalb des Ortes gedeihen unzählige Maroni-bäume, ja ganze Wälder sind bummvoll von den edlen Früchten.

Altstadtzauber
Direkt am Hafen gewährt ein Tor in der historischen Stadtmauer Einlass in die Altstadt. Über treppenartig angelegte Gassen, Arkaden und Durchgänge geht es zum Kirchplatz. Hier verwundert die **quietschgelbe Fassade des Glockenturmes** der **Georgs-Kirche**. Die Kirche stammt aus dem 12. Jahrhundert, der Turm aus dem 17. Jahrhundert. Im Inneren locken wertvolle Fresken aus der Werkstatt von Vincent von Kastav. Jeder bleibt automatisch am gegenüberliegenden Portalvorbau stehen, denn über dem Holztor wacht der ungewöhnliche „Mustaćon" – ein geschnitzter, turbantragender Männerkopf mit Schnurrbart. Am Hafen beginnt bzw. endet die bekannte Meerespromenade, die zwölf Kilometer von Volosko über Opatija nach Lovran führt. Was glauben Sie, was der erste Bekannte gerufen hat, als er mich am Lungomare getroffen hat: „Ah, die Kestn-Steirerin!" „Kestn" ist übrigens das steirische Wort für Kastanien.

www.tz-lovran.hr, www.marunada-lovran.com

ESSEN UND TRINKEN

Draga di Lovrana: Atemberaubende Aussicht von der Restaurantterrasse über das Meer. Elegantes Ambiente, hervorragende Küche. Lovranska Draga 1, 51415 Lovran. (+385 51) 29 41 66, www.dragadilovrana.hr

76

Meerespromenade

Draga di Lovrana

22

Blau-Pause

MOŠĆENICE

....

753 Stufen führen in den Himmel. Zuerst geht es jedoch von der Küste hinauf in das mittelalterliche Bergdorf Mošćenice in der Kvarnerbucht.

Warum ist das Meer eigentlich blau? Und warum wir uns genau jetzt diese Frage stellen? Weil wir gerade in dem Bergdörfchen Mošćenice stehen und überwältigt sind von der herrlichen Aussicht auf das atemberaubende Meer. Heute zeigt es sich nämlich nicht in einem einzigen Blauton, sondern in unzähligen Nuancen: Azurblau, Königsblau, Tintenblau, Pastellblau, Hellblau, Eisblau, Lichtblau – sehr beeindruckend. Aus dieser Farbenkraft schließe ich puren Optimismus und ein wahres Freiheitsgefühl. Dazu kommt der Blick auf die Inselwelten von Cres und Krk. Am Abend funkelt und leuchtet die gesamte Riviera, dass es eine wahre Freude ist. Dann blinzelt die Hafenstadt Rijeka nicht nur, sondern sie strahlt. Außerdem in Sichtweite: Teile von Opatija sowie der Badeort Mošćenička Draga, der 2,5 Kilometer von Mošćenice entfernt an der Küste liegt.

Entzückende Altstadt

Vom Strand „Sveti Ivan" in Mošćenička Draga führt eine Treppe hinauf in den mittelalterlichen Ort. 753 Stufen auf 175 Höhenmetern gilt es zu überwinden. Wer halbwegs fit ist, schafft das in 20 bis 25 Minuten. Der Weg führt großteils durch den Wald (somit im Schatten) und überquert nur einmal eine Straße. Unterhalb des Restaurants „Tu Tamo" erreichen wir das entzückende Bergdorf mit seinem **denkmalgeschützten Altstadtkern**, einem kleinen Volkskundemuseum, einer Ölmühle aus dem 17. Jahrhundert sowie zwei Restaurants. Die Häuser stehen so dicht nebeneinander, dass sie einen geschützten Ring um ihr Zentrum bilden. Auf dem Stadttor ist eine Steintafel mit dem Wappen der Habsburger zu sehen. Markant: der blau-türkise Brunnen vor der Kirche. Verschlungene Gässchen führen

78

Restaurant „Tu Tamo"

22

in versteckte Innenhöfe, überall haben fleißige Hände Blumentöpfe liebevoll arrangiert.

Inspiration für Künstler

Falls Sie noch ein weiteres hübsches Bergdörfchen entdecken möchten:
Sieben Kilometer sind es nach **Brseč** – einem bezaubernden Kleinod über
den Klippen. Der Ort wurde im frühen Mittelalter als Burg gebaut: mit
historischen Gassen und Durchgängen, der Loggia sowie der Galerie Eu-
gen Kumčić, einem bekannten kroatischen Schriftsteller und Politiker.
Zwei Kilometer südlich von Brseč schlendern wir im Dorf **Zagore** durch
die beeindruckende Galerie des international tätigen Bildhauers Ljubo de
Karina. Die Ausstellung zeigt zeitgenössische Installationen und skulpturale Kunst aus Stein, Metall, Holz usw. Ein Kuriosum wartet nördlich
von Brseć. In seinem Heimatdorf **Golovik** setzt der Künstler Velčić Zdenko
seine Kunstwerke unter Glas in spezielle Terrarien. Der Natur- und Tier-
freund schnitzt täuschend echt wirkende Abbildungen der umliegenden
Flora und Fauna aus Holz und erweckt sie so zum Leben. An einem dieser
besonderen Terrarien arbeitet Zdenko circa ein halbes Jahr. 20 Stück können Besucher bereits bewundern.
Und noch ein Tipp für Ihre persönliche Blau-Pause: Unweit von Brseć
breiten wir unser Handtuch am schönsten Strand der Region aus. Eine
kleine Bucht mit runden Kieselchen, die aus der Ferne fast sandig wirkt.
Sie ist von Klippen umgeben und nur zu Fuß oder per Boot zu erreichen.

Tourismusinformation: www.tz-moscenicka.hr

Lubo de Karina: Skulpturale Kunst, Installationen, vertikale Steinformationen. Spannende, moderne Kunst. Prädikat: sehr sehenswert!
Zagore 17, 51418 Brseč. (+385 51) 29 01 00, www.de-karina.net

Atelier Zdenko Velčić: Kuriose, farbenfrohe Holzschnitzereien. Täuschend
echte Pflanzen usw. Golovik 25, 51417 Mošćenička Draga. (+385 51) 29 02 57

ESSEN UND TRINKEN

Johnson: Eines unserer absoluten Lieblingsrestaurants, nicht nur von
Istrien. Die beste Fischküche, die wir kennen. Herrliche Rohheiten aus dem
Meer. Dazu die besten Weine. Majčevo 29b, 51417 Mošćenička Draga.
(+385 51) 73 75 78, www.johnson.hr

Tu Tamo: Sehr sympathisches Restaurant, viel frischer Fisch, toller Meer-
blick von der Terrasse. Mošćenice 50, 51417 Mošćenička Draga.
(+385 51) 73 72 33, www.konoba-tutamo.hr

Der Riesen-Sepp

MOTOVUN

Im Herzen der Trüffelregion thront das berühmte Burgenstädtchen Motovun über dem Tal der Mirna. Von der begehbaren Stadtmauer genießen die Besucher einmalige Panoramablicke.

Wie das entzückende Motovun hoch über dem Mirna-Tal entstanden ist? Die Historiker sprechen von einem meisterlich geschützten, mittelalterlichen Kastell. Ich habe jedoch nachgelesen, und der bekannte, kroatische Schriftsteller Vladimir Nazor schreibt, hier war der Riese „Veli Jože" am Werk. Der „Große Josef" oder auch „Riesen-Sepp" galt als stattlicher Mann und als Beschützer Istriens. Er war so stark, dass er mit bloßen Händen am Glockenturm rütteln konnte. Als Kämpfer war er ein Vorbild für die Menschen, arbeitete hart und rang um Freiheit und Gerechtigkeit. Der Sagenfigur zu Ehren gibt es in Motovun sogar ein nach ihr benanntes Festival.
Eines ist klar: In das entzückende Bergdorf kommt niemand, um allein zu sein. Schließlich gehört Motovun zu den Top 3 der beliebtesten Sehenswürdigkeiten Istriens. Bereits bei der Anfahrt wirkt das Städtchen magisch und märchenhaft unverändert – wie in eine Kristallkugel mit Schnee eingeschlossen. Atemberaubend thront es auf einem 277 Meter hohen Hügel. Rund um Motovun schimmern silbern-grüne Olivenbäume, schmiegen sich Weinreben an die Hänge und auf der Ebene schließt der geheimnisvolle Trüffelwald an. Die Fassaden der Steinhäuser leuchten in warmen Farben: Terrakotta, Orange, Rosa, Dottergelb und Elfenbein. Darüber die Ziegeldächer in Rot. Kaum zu glauben, dass im Nachkriegsjugoslawien das Burgenstädtchen zur Geisterstadt mit kaum mehr als 100 Einwohnern verödete – heute gilt es als eine der touristischen Perlen Istriens. **81**

Die längste Treppe Istriens: 1052 Stufen
Vom Ort Motovun führt in die Altstadt hinauf auf den Hügel eine Treppe – die längste Istriens. Da brauchen wir schon ein bisschen Schmalz

Wie eine Insel aus dem Nebel: Motovun

in den Wadeln, denn es sind immerhin 1052 Stufen zu bewältigen. In der Hauptsaison erleichtern jedoch Shuttlebusse den Aufstieg bis vor die Tore. Motovun mutiert im Sommer zu einem Freiluftmuseum – mit venezianischen Dimensionen, was Gäste anbelangt. Kein Wunder, bei dem Idyll: Stadttor, Glockenturm, Kirchen, Paläste, Loggia, Zisternen, enge Gasserln, kleine Läden, putzige Steinhäuser, Cafés, Ateliers, Galerien, Restaurants – alles da, was Freude macht. Und noch mehr: Auf dem Inneren der zwei mächtigen Mauerringe, die das Bergdorf umgeben, promenieren Besucher und genießen einen **fantastischen Blick** auf das Mirna-Tal. Seit Kurzem ist die Besichtigung der Stadtmauer nicht mehr gratis. Doch die Aussicht – unbezahlbar! Am Ende der Mauer taucht auf dem letzten Haus ein farbenfrohes Wandgemälde auf. Es zeigt den Riesen „Veli Jože", der mit einem Eichenbaum als Besen die Feinde von Motovun hinwegfegt. Die Geschichte vom Riesen-Sepp erzähle ich natürlich auch meinem Mann. Der heißt übrigens auch „Josef" und wird von vielen „Sepp" genannt. Ob mein Mann auch so viel Kraft besitzt und Bäume ausreißen kann? Egal, ich finde ihn trotzdem ziemlich stark.

Info

Die **Altstadt von Motovun** ist autofrei. Die Parkplätze an der Zufahrtsstraße sind meist voll. Am Fuß des Hügels wurde ein großer Parkplatz installiert. Von dort führen Shuttlebusse (Tickets vor Ort) direkt zur Altstadt.

23

24

Im Reich des Grottenolms

NOVA VAS/BAREDINE

Istrien ist nicht nur überirdisch schön. Auch unterirdisch warten Naturschauspiele der spannendsten Art. Wie zum Beispiel die Karsthöhle Baredine bei Nova Vas. Inklusive Grottenolmen.

Sie müssen wissen: Während ich diese Zeilen schreibe, habe ich einen geschätzten Blutdruck von 300 zu 150, ich blinzle seit Minuten nicht mehr, meine Haut produziert mehr Salz als die Salinen von Sečovlje, die Flip-Flops picken an den Schuhsohlen und bald reiße ich mir wahrscheinlich die Bluse vom Leib. Gut, ich übertreibe – aber MIR IST HEISS!

Super-Sommer-Hitze in Istrien. Das Thermometer knackt bald die 40 Grad. Da will ich eigentlich nur noch eines: ab ins Wasser und das für möglichst lange. Da ich mich ja nicht ständig in die Fluten schmeißen kann, gibt es eine tolle Möglichkeit: sich verkriechen. Also auf in die Tropfsteinhöhle Baredine. Die verspricht Abkühlung bei angenehmen 14 Grad. Die Karsthöhle liegt etwa sieben Kilometer von Poreč entfernt, bei Nova Vas. Sandalen und Bikini sind längst gegen Turnschuhe und Jeans getauscht und so stehen wir auf der obersten der 230 Stufen, die in die Höhle führen. Der Eingang verläuft nämlich nicht horizontal, sondern die Besucher klettern Schritt für Schritt hinunter in ein „Loch", in die geheimnisvolle Unterwelt. Erster Eindruck: gut beleuchtet, feste Treppengeländer. Sicherheitscheck bestanden. Immerhin reicht die Karsthöhle 132 Meter in den Schacht. Bis in eine Tiefe von 60 Metern kann sie besichtigt werden und auf dem tiefsten Niveau liegt ein See. Zusammen mit einem jungen Studenten als Guide durchwandern wir fünf imposante Hallen. Weil: Alleine kreuz und quer herumlaufen, das geht nicht.

Zauberhafte Unterwelt

Tatsächlich kommen wir aus dem Staunen nicht mehr heraus. Wunderschöne Tropfsteine, Stalagmiten und Stalagtiten, vom Wasser über Tausende

Grottenolm

24

von Jahren beständig und mit sehr viel Geduld geformt. Schmunzeln müssen wir auch: Denn die Steinformationen haben mit der Zeit interessante und vor allem passende Namen bekommen und regen die Fantasie an. „Der schiefe Turm von Pisa" steht im „Spaghettisaal" der Baredine. Der kugelige „Schneemensch" oder auch „Fackelträger" im Figurensaal hält eine Laterne in der Hand. Neben ihm, nicht zu übersehen, die außergewöhnlich hell strahlende „Madonna", die ihr Jesuskind an sich drückt. Faszinierend: Die zehn Meter hohen Stein-„Vorhänge" oder „Riesenkraken" sowie die Schäferin „Milka" – um die schöne Hirtin rankt sich eine herzzerreißende Legende. In der geht es wie so oft um wahre Liebe, verschmähte Heirat, Intrigen und den Tod der jungen Frau und ihres Geliebten.

Sehr lebendig hingegen schwimmen die wohl ungewöhnlichsten und rätselhaftesten Tierchen Istriens im Wasser: die Grottenolme. Ihre Farbe lässt sich zwischen zartrosé, lila, nude, milchig und fast durchsichtig beschreiben. Die kleinen Kerlchen messen um die 20 Zentimeter und sind der Höhepunkt der 40-Minuten-Besichtigung. Olme kommen nur in einem kleinen Verbreitungsgebiet vor, daher können wir ruhig von putzigen Endemiten reden. Diese „Würmchen" mit ihren filigranen Haxerln brauchen jahrelang keine Nahrung, sind blind, lichtscheu und werden älter als die Menschen. Sehr faszinierend.

Sind die Tropfsteingebilde und Grottenolme die unterirdischen Schätze der Karsthöhle Baredine, so bilden oberirdisch Oldtimertraktoren, Bauernhoftiere, Ausstellungen und eine Höhlenkletterwand einen bunten Erlebnispark. Dort schafft es eine Familie wie unsere locker, noch zwei Stunden zu verbringen. Ich sage Ihnen: Bis zwei Buben jeden Traktor, jeden Maisrebler, jede Dreschmaschine, jedes Zahnrad, jede Kurbel, jeden Trichter, jeden Dieselmotor begutachtet haben – da heißt es für mich einen kühlen Kopf bewahren.

Höhle Baredine: Etwa 7 km östlich von Poreč bei Nova Vas. Täglich geöffnet von April bis Oktober. Einfache Wegstrecke: rund 150 m. Führung dauert ca. 40 Minuten.
Gedići 55, 52446 Nova Vas. (+385 98) 22 43 50, www.baredine.com

GENUSS-TIPP

Agro Millo: Valter Smilović zählt unumstritten zu den besten Olivenölmüllern Istriens. Ein Abstecher, um ein paar Fläschchen zu kaufen, lohnt sich immer. Verkostungen und Besichtigungen der Ölmühle auf Anfrage.
Baredine 16, 52460 Buje. (+385 52) 77 42 56, www.agro-millo.hr

Adria für Genießer

NOVIGRAD

Die kleine Küstenstadt Novigrad zwischen Umag und Poreč hat das gewisse Alles: eine entzückende Altstadt, schöne Badeplätze, viel Kultur und Geschichte sowie Gourmetadressen vom Feinsten.

Ojegerl, Frühlingssonne! Wo nehme ich nur in 24 Stunden eine passable Bikinifigur her? Vor allem, wenn das Ziel Novigrad ist. No-vi-grad! In dieses schmucke Fischerstädtchen im Nordwesten Istriens fahren Gäste, um hauptsächlich Folgendes zu tun: zu baden und gut zu essen. Und weil ich am Strand mit fünf Stück Jakobsmuscheln, einer Portion Scampi crudo, einer kleinen Pasta mit Meeresspinne, einem schönen Stück vom Steinbutt und einem Schokoladekuchen im Bauch nicht so eine berauschend gute Figur mache, muss ich mir da etwas überlegen.

Der bunte Ferienort liegt 15 Kilometer nördlich von Poreč auf einer Landzunge, die in das adriatische Meer ragt. Novigrad, im italienischen Cittanova („Neustadt") genannt, ist gar nicht so „neu", wie der Name vorgibt zu sein. Ihre Geschichte reicht nämlich bis in die Antike zurück. Die fesche Altstadt kann sich sehen lassen: Ich sage nur venezianische Architektur, Barock, Renaissance. Es lohnt sich, an der historischen **Stadtmauer** entlangzuspazieren, denn einige mächtige Teile von ihr blieben bis heute erhalten. Inklusive Stadttor und zwei Rundtürmen. Dann noch die Loggia „Belvedere", welche, noch näher am Meer gebaut, bereits im Wasser stehen würde. Sakrale Kunstschätze erwarten Besucher in der Pfarrkirche St. Pelagius und Maximus mit der romanischen Krypta hinter dem Hauptaltar. Daneben: der frei stehende Glockenturm mit seinen 45 Metern Höhe. Zwei Museen lege ich Ihnen in Novigrad an Ihr kunstbeflissenes Herz: Die **Steindenkmäler aus frührömischer Zeit** im ziemlich modern gestalteten Lapidarium und die **Galerie Rigo** für zeitgenössische Kunst – ist alles auf einem Komplex beim Palast Rigo zu finden. Das meistfotografierte Sujet des malerischen Küstenstädtchens

ist jedoch nicht der bezaubernde Hafen, auch nicht das Rathaus mit seiner feuerroten Fassade, sondern sind die bunten Regenschirme. Als Marketinggag hat der Tourismusverband sie vor Jahren über die Gassen gespannt. Sie verfehlen bis heute nicht ihre Wirkung: Staunen, Freude, Überraschung bei allen Generationen von Besuchern.

Urlaub am Teller

Was Novigrad einzigartig macht: die unglaubliche Gourmetdichte. Das bedeutet: dass an so einigen Ecken der Stadt ein tolles Restaurant mit Köstlichkeiten lockt und es dort famos Fisch und Meeresgetier zu schmausen gibt. Da wäre zum Beispiel Familie Jugovac mit ihrem Restaurant „Čok", die wir bei keinem Istrien-Besuch verpassen. Hier wurzeln seit Jahren Gastfreundschaft, die Vorliebe für fangfrisches Adriagetier und fundiertes Weinwissen. Der eloquente Sohn Viljan managt die Küche mit sicherem Kochlöffel, die Eltern Vilma und Sergio „Čok" den Service. Hier fühlen sich geerdete Genießer wie wir pudelwohl.

Bekannt für köstliche „Rohheiten" aus dem Meer ist das Fischrestaurant „Damir & Ornella": ein Kultlokal für Adria-Sashimis. Die Fischgerichte werden direkt beim Gast zubereitet. Feinschmecker lieben die raffiniert leichte Küche von Starköchin Marina Gaši. Ihr Restaurant „Marina" liegt hinter der Marina. Ehemann Davor kümmert sich um den Wein und um den sympathischen Service.

Loggia am Meer

25

Kennen Sie das, wenn Sie im Urlaub plötzlich Bekannte treffen und sich am liebsten verkriechen würden? Nun, ja. Für unsere Freunde Nicole und Peter gilt das nicht. Das sind nämlich Gleichgesinnte und feine Leute – mit denen wir tüchtig ein, zwei, drei Gläschen Malvasia in der Weinbar Rigo heben und uns um den letzten Scampi am Teller raufen. Bevor es jedoch zum gemeinsamen Fischschmaus geht, decken wir uns im Delikatessenladen „Aura" ein (neben der Rigo Bar), das fantastische Olivenöl von „Al Torcio" aus Novigrad ist längst verstaut. Später, vor der blauen Stunde, trifft sich alles im schicken „Vitriol" auf der Strandpromenade – Novigrads bekanntester Aperitif- und Cocktail-Location. Das ist der sicherste Platz für gelungene Sonnenuntergangsselfies. Also bekommen unsere Facebook-Fans lauter Grinsegesichter präsentiert, bunt gefüllte Gläser und den orange-glühenden Sonnenball im Hintergrund. Damit wäre auch das Thema „Bikinifigur" erledigt.

Info

www.coloursofistria.com

Lapidarium: Supermodernes Museum mit historischen Steinfunden. Ein Teil davon ist die Galerija Rigo.
Veliki trg 8A, 52466 Novigrad. (+385 52) 72 65 82 www.muzej-lapidarium.hr

ESSEN UND TRINKEN

Čok: Das Restaurant der Familie Jugovac ist längst eine kulinarische Institution. Fisch- und Meeresküche mit viel Pfiff und Geschmack. Wunderbare Gastgeber, liebevoll arrangierte Speisen, fantastische Weine.
Sv. Antona 2, 52466 Novigrad. (+385 52) 75 76 43

Marina: Das Lokal liegt schräg gegenüber der neuen Marina im ersten Stock direkt an der Straße. Sehr leichte, mediterrane Gerichte von Marina Gaši. Bester Fisch. In der gleichen Straße wie das Čok.
Sv. Antona 23, Novigrad. (+385 98) 969 04 92

Damir & Ornella: Berühmt für feine Adria-Sashimi. Alles kommt roh und frisch auf die Teller. Familie Beletić bereitet den Fisch und das Meeresgetier oft direkt beim Gast zu. Nur auf Reservierung.
Zidine 5, 52466 Novigrad. (+385 52) 75 81 34, www.damir-ornella.com

MaDaLu: Ein köstlicher Ausflug 9 km südlich in die Bucht von Santa Marina bei Tar-Vabriga. Die wohl beste Fischerhütte Istriens. Direkt am Meer serviert Familie Bernobic Canestrelli, Vongole, Scampi, Jakobsmuscheln, Steinbutt, Brassen usw. Von Ostern bis Ende September geöffnet.
Santa Marina, 52465 Tar-Vabriga. (+385 95) 85 46 708

90

Des Kaisers schönste Promenade

OPATIJA

....

Die Riviera von Opatija lockt an ihr magisches Ufer – an eine der wohl außergewöhnlichsten Meerespromenaden der Welt. Zwölf zauberhafte Kilometer führen von Volosko nach Lovran.

Seminare zum Thema „Achtsamkeit" sind gerade total en vogue. Entschleunigen, entspannen, fokussieren, die Natur wahrnehmen, Detox, Zeit für sich. Vergessen Sie das! Spazieren Sie stattdessen den Lungomare in Opatija entlang. Diese wunderbare Meerespromenade liefert Ihnen ein ganzes Achtsamkeitspaket, und das auch noch kostenlos. Neu ist diese Idee allerdings nicht: Das haben nämlich bereits die gekrönten Häupter zur Zeit der Österreichischen Riviera gewusst. Alle kamen sie mit der Eisenbahn angefahren. Kaiser und Könige. Es folgten der gesamte Adel, prominente Künstler und reiche Industrielle. Weil sich Opatija, das damals italienisch Abbazia hieß, längst einen Namen als mondänes Seebad und als schönster Kurort der Donaumonarchie gemacht hatte. Die Lage? Direkt am Meer, am Fuße des Učka-Gebirges, 18 Kilometer von Rijeka entfernt. Opatija gehört heute zur Gespanschaft Kvarnerbucht, obwohl es geografisch auf der Halbinsel Istrien liegt.

Der Lungomare ist über hundert Jahre alt und heißt offiziell **Kaiser-Franz-Joseph-Promenade**. Zwölf wunderbare Küstenkilometer schlängelt sich der Weg, beginnend im bezaubernden Hafen von Volosko über Opatija entlang der Orte Ičići und Ika in die kleine Marina von Lovran. Die Promenade wurde teils in die Felsen gehauen, mit Laternen und schmiedeeisernen Geländern versehen und mit Bänken und Rastplätzen bestückt. Aufgefädelt wie an einer Perlenkette reihen sich imperiale Belle Époque- und Jugendstilvillen, nostalgische Luxushotels wie das **Kvarner**, das **Miramar**, das komplett renovierte **Imperial** oder das **Ariston** aneinander. Dazwischen duckt sich der eine oder andere Betonwürfel, denn auch die jugoslawische Ferienarchitektur hat ihre Spuren hinterlassen.

91

Und an jeder Ecke begegnen uns verlassene Prachtbauten, Monumente, Skulpturen, Gedenktafeln, Pavillons, Kirchen und Brunnen.

Für natürlichen Schatten sorgen auf weiten Teilen der Promenade dichte Eichenbäume und Pinien. Es duftet nach Lorbeer, Akazien und dem würzigen Meeresfenchel, im Frühling blühen Kamelien, im Sommer leuchtet der Oleander hervor. Palmen, Feigen, Myrten und Agaven verleihen dem Lungomare noch mehr südländisches Flair. Penibel gepflegt wird der exotische Park der **Villa Angiolina** mit ihrer zuckerlrosa Fassade. Der Geschäftsmann Iginio Scarpa hat das Gebäude 1845 erbaut. Heute ist es ein Museum. Bevor wir jedoch die grüne Oase betreten, kommen wir an dem meistenfotografierten Motiv Opatijas vorbei, dem **„Mädchen mit der Möwe"**. Die Statue steht seit 1956 auf einem Felsen und blickt auf das offene Meer. Früher befand sich hier eine Madonnenstatue.

Heute erscheint Opatija als ein Ferienort voller Kontraste. So perlt aus den Grandhotels Walzermusik, Kellner in Livree servieren Sachertorte und Guglhupf auf silbernen Tabletts und elegante Damen mit Fönfrisuren nehmen ihre Melange auf den mondänen Meeresterrassen ein. Auf der anderen Seite ist in den neuen Designhotels, Restaurants und Beachclubs von K.-u.-k.-Patina nichts zu spüren. Da räkeln sich die Gäste auf dick gepolsterten Sonnenliegen zu chilliger Loungemusik. Besonders angesagt: der Angiolina-Beach im neuen Retrostil oder der Lido Beach des Hotels Bevanda. An den Touristenständen mit den Souvenirs wird fleißig gefeilscht. Schließlich geht es um einen Küchenmagneten in Form einer Kamelie.

Das Sympathische an Opatija: Alles wirkt so vertraut, denn der Ferienort ist nach wie vor das Wohnzimmer vieler Wiener, Kärntner und Steirer. Dabei liegt Österreich seit 1918 nicht mehr an der Adria. Eigentlich schade. Wir fühlen uns trotzdem wie daheim.

www.visitopatija.com

ESSEN UND TRINKEN

Bevanda: Superstylisches Designrestaurant, Hotel, Beachclub, Weinbar. Direkt am Meer. Ausgezeichnete Gourmetküche.
Zert 8, 51410 Opatija. (+385 51) 49 38 88, www.bevanda.hr

Café Wagner: Ehrwürdiges, großes Kaffeehaus im Stile der K.-u.-k.-Zeit im Hotel Millennium. Gugelhupf und Poticen (eine Art Nussrolle), handgefertigte Pralinen, cremige Eissorten, Kuchen, Torten.
Maršala Tita 109, 51410 Opatija. (+385 51) 20 20 71, www.milenijhoteli.hr

Mädchen mit der Möwe

Angiolina Beach

Der Lungomare

Riviera von Opatija

Villa Angiolina

26

27

Keramik mit Charakter

OPATIJA/JURDANI

Stück für Stück. Liebevollst gearbeitet. Die kroatische Designerin Marina Marinski verzaubert mit ihrer Keramikkunst.

Wenn Sie vielleicht unser Restaurant in Bad St. Leonhard kennen, wissen Sie, dass wir große Liebhaber von Keramikkunst und schönem Porzellan sind. Bei unseren Spaziergängen durch Poreč, Motovun, Opatija oder Pula stachen uns immer wieder die außergewöhnlichen Schalen, Espressobecher, Teller, Vasen, Pflanzgefäße sowie der Schmuck von Marina Marinski ins Auge. Klingt nach Künstlername. Ist aber ihr echter. Unter der Marke „Marinski Heartmades" entwirft die junge Designerin aus weißem Ton hochwertige Unikate. Jedes Stück entsteht in akribischer Handarbeit in ihrer kleinen Manufaktur in dem Dörfchen Jurdani, fünf Kilometer nördlich von Opatija. Mit viel Liebe und Hingabe helfen Ehemann und Schwester im Betrieb mit, denn die Kunstwerke sind begehrt. Mittlerweile gibt es Marinas Keramik auch in Frankreich, der Schweiz, Belgien, Deutschland und Österreich zu kaufen. „Jedes Stück nehme ich mindestens 15 Mal in die Hand", erzählt Marina. Was sie für ihre Arbeit am meisten braucht? „Geduld." Und einen poetischen Zugang. So bezeichnet Marina den weißen Tonstaub, der sich überall in ihrer Werkstatt ausbreitet, als „magischen Feenstaub".

Marina ist in Rijeka aufgewachsen und kam in der Kunstgalerie Zdenac in Rovinj in Kontakt mit schöner Tonkunst. Sofort war sie Feuer und Flamme für das Material. Sie liebt unter den vielen Arbeitstechniken zwei Arten besonders: das Töpfern an der Töpferscheibe sowie das Tongießen, bei der ein Schlickerguss in vorbereitete Formen gegossen wird. Am meisten Freude bereitet der jungen Künstlerin das Zeichnen und Illustrieren der Oberflächen: „Da hauche ich jedem Stück Leben ein." Später erfolgt das Brennen, Kühlen, Überziehen einer Schutzglasur.

94

Jedes Teil weicht optisch vom anderen ein bisserl ab: in seiner Farbe, seiner Form oder seiner Zeichnung. „Weil wir mit unseren Händen arbeiten und nicht mit Maschinen." Der Wiedererkennungswert von Marinas Keramik ist groß. Inspirationsquellen sind die Natur und das Leben selbst. Das können verschiedene Menschen sein, jede Art von Emotionen, kleine und große Gesten oder Erinnerungen aus der Kindheit. „Ich folge da meinem Herzen – und manchmal meinen Träumen." Träume, die in ihrem Studio in Erfüllung gehen. Zwischen unzähligen Regalen, Arbeitsflächen, Eimern, Schüttgefäßen, Ton, Messern, Rohlingen, Trichtern, Gefäßen, Pinseln und Farben.

Marinski Heartmades Studio: Mučići 46, 51213 Jurdani.
(+385 92) 18 88 320, www.marinski.me

ESSEN UND TRINKEN

Stancija Kovačići: Nur 4 km nördlich von Opatija gelegen. Gemütliches, schönes Restaurant mit einfallsreicher regionaler Küche.
Rukavac 51, 51211 Matulji. (+385 51) 272106, www.stancija-kovacici.hr

Kukuriku: Chef Nenad Kukurin steht selbst am Herd und zaubert Köstlichkeiten aus der istrisch-dalmatischen Tradition. 6 km von Opatija.
Trg Lokvina 3, 51215 Kastav. (+385 51) 69 15 19, www.kukuriku.hr

28

Höhenflug über den Mittelpunkt Istriens

PAZIN

....

Das mächtige Kastell von Pazin erhebt sich selbstbewusst über eine grüne Schlucht. Diese hat bereits bekannte Literaten wie Jules Verne inspiriert. Heute führt eine Zipline über den Abgrund.

Es gibt einen Tag, an dem ich in Istrien zu Nervosität und Transpiration neige: Wenn ich Pazin besuche. Nicht nur, weil der Blick in die 125 Meter tiefe Schlucht allein schon für Gänsehaut sorgt. Es führt seit ein paar Jahren eine abenteuerliche Zipline von der Terrasse unterhalb des Hotel Lovac quer über den dramatischen Abgrund. Irgendwie sind meine Kinder der festen Überzeugung, dass ihre Mama so unerschrocken ist wie Pippi Langstrumpf. Das kommt daher, weil ich vor ihnen immer so tüchtig angebe: Dass ich bei minus vierzig Grad um den Baikalsee in Sibirien spaziert bin. Dass ich in China ein Pandabären-Reservat durchstreift habe. Dass ich mit der höchsten und schnellsten Stahlachterbahn der Welt gefahren bin. Dass ich im Eishotel nördlich des Polarkreises auf einem Bett aus Eis schlief. Dass ich mich mit einem Gleitschirm in die Tiefe stürzte. Jetzt sind sich meine Buben natürlich sicher, dass dieser Ein-Personen-Flying-Fox in Pazin grad mal einen Klacks gegen meine früheren Abenteuer bedeutet. Denn irgendwie habe ich immer vergessen, den Kindern von meinen schreckensgeweiteten Augen und meinem Puls von 300 zu erzählen.

Stark und stolz

97

Die Kleinstadt Pazin hat rund 4400 Einwohner und ist das administrative Zentrum und der Verwaltungssitz der istrischen Gespanschaft. Aufgrund seiner Lage im geografischen Mittelpunkt der Halbinsel wird Pazin (auf Deutsch „Mitterburg") auch als das „Herz Istriens" bezeichnet. Südlich

der Stadt markiert eine kleine Steinpyramide den geografischen Mittelpunkt. Das Gesamtbild von Pazin unterscheidet sich sehr von anderen istrischen Ortschaften. Die Kleinstadt zeigt sich weder putzig noch romantisch, und es wäre auch nicht korrekt, sie als entzückend zu bezeichnen. Pazin strahlt eine ganz andere Kraft aus – sie wirkt unglaublich stark, stolz, in sich geschlossen, geheimnisvoll, mystisch, ja fast dramatisch. Das liegt vor allem an dem weltbekannten, mächtigen **Kastell**, das sich direkt über die grüne Fojba-Schlucht erhebt. In der Burg befinden sich heute zwei Museen: das ethnografische Museum und das Stadtmuseum.

Pazin inspirierte viele Literaten. Allen voran den bekannten Jules Verne (1825–1905). Richtig, das ist der französische Schriftsteller, der in 80 Tagen um die Welt reiste, sich zum Mittelpunkt der Erde durchwühlte und 20.000 Meilen unter das Meer abtauchte. Der Autor selbst war in seinem ganzen Leben nicht in Pazin, lässt aber einen großen Teil seines Romans „Mathias Sandorf" dort spielen. Inklusive adrenalingeladener Flucht des Protagonisten à la James Bond durch die Schlucht und das „Schluckloch"

Zipline

Ethno-Museum

Beram Totentanz

Kastell Pazin

28

(hier versickert der Fluss Pazinčica). Apropos Flucht: Die habe auch ich gekonnt ergriffen. Vor dieser Wahnsinns-Zipline. „Wäre das nix?", hat mich die Familie gefragt. „Nein, das wär nix", war meine Antwort. Deshalb habe ich meinen Buben geschwind von dem unglaublichen Canyon in dem finsteren Abgrund erzählt, der alles verschlingt wie ein schwarzes Loch. Natürlich habe ich ihnen wieder vergessen, etwas zu erzählen: Dass es sich bei dem Weg durch die Schlucht um einen informativen Lehrpfad handelt. Ich finde, das ist momentan Abenteuer genug.

Info

Tourismusverband Pazin: www.tzpazin.hr, www.central-istria.com

Museum der Stadt Pazin: Im Kastell befinden sich zwei Museen:

Stadtmuseum: Geschichtliche Funde, Kirchenglocken, historische Fotografien, Waffen usw.
Trg Istarskog razvoda 1, 52000 Pazin. (+385 52) 62 30 54, www.muzej-pazin.hr

Ethnografisches Museum: Über 7500 Gegenstände: Gerätschaften der Bauern, Trachten, Werkzeug usw.
Trg Istarskog razvoda 1, 52000 Pazin. (+385 52) 62 22 20, www.emi.hr

UMGEBUNG

Gračišće: Tipp für einen romantischen Abstecher. Einmaliger Mittelalterort, 8 km südöstlich von Pazin.

Beram: 5 km nordwestlich von Pazin finden Kulturinteressierte eines der bedeutendsten Fresken Kroatiens. Der geniale Maler Vincent aus Kastav schuf in der Friedhofskirche „Maria im Fels" im Jahr 1474 neben seinem weltberühmten „Totentanz" noch weitere 45 Wandmalereien.

ESSEN UND TRINKEN

Vela Vrata: Hausmannskost in ihrer besten klassisch-istrischen Tradition. Mit offenem Kamin, überdachter Terrasse und schönem Blick ins Grüne. Beram 41, 52000 Pazin. (+385 52) 62 28 01

Agroturizam Ograde: Liebevoll geführter Bio-Bauernhof mit Apartments, nach Anmeldung wird frisch und geschmackvoll gekocht. Ehrliche, herzhafte Küche, im Rhythmus der Jahreszeiten. Offene Feuerstelle.
Lindarski Katun 60, 52000 Pazin. (+385 52) 69 30 35, www.agroturizam-ograde.hr

100

Eine wahre Schönheit

PIRAN

....

Das Küstenstädtchen Piran erweckt den Eindruck eines vollendeten Kleinods, das für die Ewigkeit bestimmt ist. Das wissen allerdings nicht nur wir.

Wieder einmal Piran. Sehnsuchtsort an der Adria. Ein Juwel wie aus dem Urlaubsbilderbuch – mit allem, was dazugehört: venezianischem Erbe, anmutiger Silhouette, pastellfarbenen Fassaden, strahlenden Sonnenuntergängen, mediterraner Fröhlichkeit. Ganz ehrlich: Wer an diesem herzigen Küstenstädtchen herummäkelt, der sucht auch im Gesicht von Heidi Klum nach einer Warze. Allerdings offenbart sich diese Schönheit als ein Fluch und ein Segen zugleich und bedarf einer großen Verantwortung.
Die Häuser von Piran rücken eng auf der Landzunge, der Punta, zusammen, die weit in die Adria hinausragt. Wo auch immer wir an diesem südwestlichsten Zipfel Sloweniens links und rechts durch die verschlungenen Gassen marschieren, wir landen stets am Meer. Deutlich ist in der Architektur sichtbar: die 500 Jahre lange Herrschaft der Serenissima. Piran wurde bereits im 10. Jahrhundert zum „Salzfass Venedigs" ernannt und kam aufgrund des „Weißen Goldes" aus den Salinen zu enormem Ansehen und Reichtum. Auch heute noch ist die Stadt offiziell zweisprachig: Überall hören wir munteres Slowenisch und Italienisch.

Piraner Lebensstil
Das Herz von Piran bildet der **Tartini-Platz**. Natürlich sitzt dort immer, wenn wir auf Besuch sind, eine Taube auf dem Kopf des großen Geigers und Komponisten Giuseppe Tartini (1692–1777). Seine bronzene Statue wacht seit Langem über die nach ihm benannte ovale Piazza. Bis 1894 war genau an dieser Stelle der Fischerhafen. Und eine stinkende Mülllhalde. Beides wurde zugeschüttet. Außerdem wendete hier eine Straßenbahn. Sie kam von Portorož, wurde 1953 stillgelegt. Ein Kuss vor

der Statue soll Pärchen Glück bringen. Das wird auch tüchtig wahrgenommen. Vor allem am Valentinstag. Da schreiten Frischverliebte und Immernochverliebte auf einem roten Teppich zum Denkmal.

Heute sehen wir jedoch zahlreiche Menschen mit Schlagstöcken in der Hand. Doch keine Angst – es findet bloß ein **„Pandolo"-Turnier** auf dem Hauptplatz statt. Das ist eine mediterrane Urform von Baseball. Mit den Holzstöcken (Maca), die aussehen wie französische Baguettes, muss der Pandolo getroffen werden. Einer fliegt fast bis zum berühmten Venezianer-Haus, der **Benečanka**, dem ältesten Gebäude am Platz. Da steht auf einem Steinrelief: „Lasa pur dir" – Lass sie reden. Ich muss da immer schmunzeln und rufe die Geschichte dieses Satzes in Erinnerung. Die des leidenschaftlichen Kaufmannes, der seiner Geliebten diesen Palast im frühen 15. Jahrhundert geschenkt hat. Da das Getratsche über das Liebespaar nicht verstummte, entschied es sich, diese Worte für alle deutlich sichtbar anzubringen. Chapeau!

Für neuerlichen Tratsch sorgt nun die aktuelle Fassade des venezianischen Palastes: Bekannt für seine tiefrote Farbe, wurde er jetzt ganz zart in hellem Rosa gestrichen. Zum Ärger einiger Einheimischer. Da mein letzter Besuch in Piran schon einige Monate zurückliegt, erfahren wir weitere Neuigkeiten: Der langjährige Bürgermeister Peter Bossmann ist nicht mehr im Amt. Außerdem gibt es jetzt ein Fisch-Spa in der Stadt. Da sorgen kleine Kangalfische für eine Pediküre, indem sie die Hautschüppchen abknabbern. Gleich geblieben ist die Tatsache, die Bewohner lieber nicht auf den Grenzstreit mit Kroatien um die Bucht von Piran anzusprechen – noch ist keine Lösung in Sicht.

Immerhin steht die Statue des Erzengels Michael wieder an ihrem Platz – auf der Spitze des 46 Meter hohen Glockenturms der Georgskirche. Dort harrte sie bereits 250 Jahre lang aus. Aber ein Sturm setzte der Heiligenfigur und vor allem den langen Flügeln am Rücken schwer zu, sodass die Armee sie mit einem Helikopter und viel Aufsehen nach der Restaurierung wieder auf den Campanile setzte. Jetzt zeigt der Erzengel wieder den Piranern, wie das Wetter wird. Blickt er in Richtung Triest, bleibt es schön, dreht er sich mit dem Wind in Richtung Tartini-Platz, kommt schlechtes Wetter. Wir haben Glück: Der Heilige Michael wendet sich heute von uns ab. Also Sonne!

102

Neues und Klassisches

Jedes Mal überrascht uns in Piran etwas Neues, trotzdem lieben und suchen wir immer wieder das Bewährte. So klettern wir zur goldenen Stun-

Giuseppe Tartini

29

de auf die Stadtmauern – ein 100 Meter langes, sehr imposantes Teilstück blieb aus dem Mittelalter erhalten. Hier liegen uns nicht nur ganz Piran, das rote Meer aus Ziegeldächern sowie das echte blaue Meer zu Füßen, sondern auch die Georgs-Kirche mit der Erzengel-Michael-Statue. Geschichten über die Stadt, unter anderem eine über den „Engel von Piran", erzählt seit Langem der bekannte steirische Märchenerzähler und Schriftsteller Folke Tegetthoff. Mittlerweile ist der Küstenort seine Heimat geworden, der er zahlreiche Sagen widmet. Manchmal sehen wir den Künstler im **„Caffe Teater"** im sonnengelben Tartini-Theater an der Promenade sitzen und arbeiten. Die Sonne im Gesicht, wie er in seine fabelhafte Märchenwelt eintaucht. Wir stören ihn aber nicht, sondern freuen uns stets auf ein neues Buch. Nirgendwo gibt es eine fröhlichere, ausgelassenere Stimmung als entlang der Promenade bis zum Ende der Punta mit der St. Klemens-Kirche, dem Muggia-Tor und dem neugotischen Leuchtturm. Überall reihen sich bevölkerte Cafés, Weinbars und Restaurants aneinander. Von den Steinen einfach ins Meer hüpfen? Ist so Brauch. Wir könnten in dem Trubel fast vermuten, alle hier seien arbeitslos, und zwar gleichzeitig, ständig am Verdursten und Verhungern und hätten Tausende Füße. Hier, und fast nur an diesem Ort plaudern, lachen und feiern Einheimische und Piran-Gäste zusammen. Geschichte trifft Leben.

Autofahren ist in den winzigen Gassen nicht erlaubt. Vor der Stadt gibt es Parkplätze und Parkhäuser. Kostenloser Shuttlebus ins Zentrum.

ESSEN UND TRINKEN

Vecchia Osteria – Stara Gostilna: Modernes Restaurant im Donatella-Haus. Derzeit das höchstdekorierte Lokal Pirans. Verspielte Teller, trendige Präsentation, also Erlebnisküche.
Savudrijska ulica 2, 6330 Piran. (+386 40) 77 79 79, www.stara-gostilna.com

Neptun: Beständig gute Adresse, bester Frischfisch und feinstes Meeresgetier. In einer Seitengasse.
Župančičeva 7, 6330 Piran. (+386 5) 673 41 11

104

Eine für alle

POREČ

. . . .

Von der Kunst, alle unter einen Ferienhut zu bringen. Poreč an der Westküste ist die temperamentvollste Ferienmetropole Istriens: bunt, dynamisch, schwungvoll und vor allem mitreißend.

Von einer feschen Sommerbräune kann ich nur träumen. Falls Sie mich fragen: Ich trage die Sonne in meinem Herzen. Wir liegen im Pinienwald am Kieselstrand in einer herrlichen Bucht bei Poreč – freier Blick aufs Meer, Kopf in den Nacken, den Körper konserviert unter einer zentimeterdicken Schicht aus Sonnencreme. Der Wasserskifahrer hat seinen großen Auftritt. Bis er im Übermut ein Bein hebt. Die Kinder winken vom Wasser-Spielplatz herüber. Den schönsten Panoramablick hat wohl der Parasailor über uns. Ja, ja, so sieht beinharte Buchrecherche aus. Poreč hat es eigentlich nicht leicht. Denn es soll auf seiner 20 Kilometer langen Riviera zeigen, wie man alles unter einen Ferienhut kriegt. Da gibt es jene, die Spaß wollen: das Unz-Unz-Partyvolk. Dann aber reisen Familien mit Kleinkindern, Hund und Oma an. Nur diejenigen, die mönchische Einsiedelei bevorzugen, sind hier denkbar schlecht aufgehoben. Denn Poreč ist Istriens Sonnenschein. Hierher kommen die Urlauber zum Baden, Feiern, Shoppen und Schlemmen. Im Sommer vibriert die Metropole, da herrscht in der Altstadt und auf den Promenaden akuter Platzmangel. Denn das nimmermüde Poreč verfügt über mehr als 100.000 Gästebetten, die es zu füllen gilt.

Weltkulturerbe

Dabei hat die Altstadt, die aus weißem Kalkstein errichtet wurde, wunderbare Plätze der Ruhe zu bieten. So wie eine der bekanntesten Kathedralen Kroatiens zum Beispiel: die **Euphrasius-Basilika**. Sie ist über 1400 Jahre alt und weltberühmt für ihre Mosaike. Bischof Euphrasius selbst war um 600 der Bauherr. Er scheute keine Kosten, um sein Gotteshaus

105

so prächtig wie möglich zu gestalten: Daher zählten zu den verwendeten Materialien Edelsteine, Perlmutt, Glas, Marmor und Gold. Unglaublich, wie diese Mosaike funkeln und leuchten. Außerdem strotzt das gesamte kirchliche Areal von byzantinischen, römischen und venezianischen Einflüssen: Campanile, Bischofspalast, Atrium, Kapelle und vieles mehr wurden schon lange unter das **UNESCO-Weltkulturerbe** gestellt.

Auch die Hauptstraße von Poreč, die Decumanus, hat in ihrer Geschichte viel erlebt: lärmende Märkte, stille Prozessionen, Aufmarsch von Soldaten, Eselgetrappel. Jetzt geht es in den Weinbars, Eisdielen, Boutiquen, Souvenirläden und Galerien hoch her. Am Anfang der Straße steht ein fünfeckiger Turm aus der Mitte des 15. Jahrhunderts. Heute ist in dem „Peterokutna kula" ein Lokal untergebracht. Hinter der Hausnummer 9 verbirgt sich das Stadtmuseum. Auf der linken Seite sticht auf dem Platz Marafor das „Romanische Haus" mit seinen Steinquadern und dem dunklen Holz hervor: Es gilt als eines der ältesten Gebäude der Stadt. Auch auf der Hafenpromenade, der Riva, stapeln sich Besucher, reihen sich Jachten aneinander, leuchten Selfie-Stangen, es duftet wie frisch gewaschen, alle haben sich für den Abend herausgeputzt, denn die Nacht ist noch lang. Müde? Ich bitte Sie. Schließlich geht es um beinharte Buchrecherche.

Euphrasius-Basilika: Weltkulturerbe: Die Kathedrale als Wahrzeichen von Poreč. Eufrazijeva ulica, 52440 Poreč. www.myporec.com

ESSEN UND TRINKEN

Sveti Nikola: Schönster Platz an der Meerespromenade, verfeinerte Adria-Küche.
Obala Maršala Tita 23, 52440 Poreč. (+385 52) 42 30 18, www.svnikola.com

Čakula: Istrische Küche, draußen mit rustikalen Bänken, drinnen überrascht ein modernes, helles Retro-Design. Im Osten der Altstadt.
Vladimira Nazora 7, 54220 Poreč. (+385 52) 42 77 01, www.konobacakula.com

ZWISCHENSTOPP

Motodrom: Meine Kinder sagen, ich muss die Gokart-Bahn in meinem Buch erwähnen. Sie liegt 6 km nordöstlich von Poreč. Bambini-Bahn ab sechs Jahren. Rasante Strecken für Jugendliche und Erwachsene.
Glavna cesta 54220 Poreč/Tar. www.istra-kart.com

Poreč zur blauen Stunde

Romanisches Haus

Euphrasius-Kathedrale

EGO SVM
OSTIVM
PER ME

SI QVIS
INTROIERIT
SALVABITVR

30

31

Das weiße Gold

PORTOROŽ

. . . .

Das Meersalz aus den Salinen von Sečovlje hat den Küstenorten Piran und Portorož zu Ansehen und Reichtum verholfen. Ein ehemaliges Salzlager dient heute als Kulisse für Ausstellungen und Events.

Kunstbeflissen. Loftartig. Urban. Das ehemalige Salzlager kann sich sehen lassen. Vor ein paar Jahren wurde das Innere des Speichers instand gesetzt und zeigt sich heute als lässiges Museum, als phänomenale Ausstellungsfläche und begehrte Eventlocation. Auf halbem Weg zwischen Portorož und Piran stehen an der Küste zwei Salzspeicher aus der Zeit Napoleons nebeneinander: das **Magazin „Grando"** und das **Magazin „Monfort"**. Ihre Größe ist beachtlich: Das Lager Grando misst gigantische 186 mal 29 Meter – das kleinere „Monfort" bringt es immerhin auf eine Länge von 156 Metern und ist 19 Meter breit. Nicht zu übersehen sind die 2,5 Meter dicken Wände, die imposante Höhe von rund zwölf Metern und die hölzernen Dachstühle mit den Stützbalken.

Die Salzschiffe landeten vor Jahren direkt vor den beiden Gebäuden am Pier. Mit an Bord: die Haupternte der Salinen von Sečovlje, die sechs Kilometer östlich, direkt an der kroatischen Grenze liegen. Dort arbeiten die Salzgärtner heute noch nach dem traditionellen Verfahren wie vor Hunderten von Jahren, um das „Weiße Gold" zu gewinnen. Dieser Bereich im Norden der Salinen, wo aktuell Salz hergestellt wird, heißt „Lera". Nur in der warmen Jahreszeit lagern sich die weißen Kristalle über einer Schlammschicht im Wasser als das bekannte „Fleur de Sel" ab. Die strahlend weiße Salzblüte wächst an der Oberfläche wie Eis. Mit speziellen Netzschaufeln schöpfen die Arbeiter sie vorsichtig ab. Das Besondere ist der Untergrund in den Salzbecken – da wird ein spezielles Biosediment aufgetragen, „Petola" genannt. Die bleigraue Masse verhindert, dass sich Salz und Schlamm vermischen. Kommt jedoch ein heftiger Regenguss, ist die Ernte zunichte. Das System der Kanäle der Salinen von Sečovlje ist

108

Salzgärtner bei der Arbeit

aufgrund langer Erfahrung so angelegt, dass das Meerwasser ohne großes Zutun die einzelnen Stufen der Verdunstung hin zum Kristallisationsbecken durchläuft. Mit einem Salzgehalt von 3,5 Prozent kommt das Wasser vom Meer, bei einem Gehalt von 25,5 bis 31 Prozent beginnt es zu kristallisieren. Dann starten die Salzgärtner mit der Ernte.

Auf dem 750 Hektar großen Landschaftspark dokumentiert ein spannendes Museum das Leben der Salzgärtner, ein Schaubecken zeigt deren harte Arbeit. Ihre Körper sind stets der prallen Sonne ausgesetzt, die Waggons sind schwer mit Salz beladen, mit den Füßen stehen sie in einer oft 70 °C heißen Sole. Die stillgelegten Bereiche der Salinen „Fontanigge" wurden zum **Naturreservat** erklärt. Kein Wunder, dass es hier pfeift, gurrt, schnattert, zwitschert: An die 300 Vogelarten finden in diesem Biotop Nistmöglichkeiten, Unterschlupf und Jagdgebiet.

Das Salz hat freilich nicht nur für die Küche eine große Bedeutung, sondern auch für Wellnessanwendungen: Gleich neben den Salinen liegt das „Thalasso Spa Lepa Vida".

Was mich seit meiner Kindheit an diesem Ort fasziniert: Die Salinen gehören weder zum Land noch zum Meer – sie gelten irgendwie als „Zwischenland". Die Salzbecken, Kanäle, Wassersperren und Trennwälle aus Lehm zeichnen eine faszinierende, geometrische Landschaft. Auf den Dämmen balancieren die Ruinen der Salzarbeiterhäuser. Ist das da drüben etwa ein Schiffsfriedhof? Spannend, wie sich die Natur Stück für Stück zurückerobert. Auf der anderen Seite türmen sich weiße Salzkegel, bereit für ihren Transport in die Verarbeitung. Die Salzbauern haben trotz ihres beinharten Tuns einen poetischen Zugang zum Salz. Sie sagen: „Es ist Meer, das nicht zum Himmel zurückkehren konnte." Ein schöner Gedanke.

Tourismus Piran-Portorož: www.portoroz.si

Naturpark Salinen von Sečovlje: Naturschutzgebiet, Salzfelder, Museum, Salzladen. Seča 115, 6320 Portorož. (+386 5) 672 13 40, www.soline.si, www.kpss.si

Ehemalige Salzlager: Seemuseum „Sergej Mašera" in Monfort. Wechselnde Ausstellungen und Events. Obala 10, 6320 Portorož, www.pomorskimuzej.si

Info

110

ESSEN UND TRINKEN

Fonda: Nördlich der Salinen züchtet Familie Fonda ihren begehrten Piran-Wolfsbarsch. Der Bio-Branzino hat eine fantastische Qualität. Besucher können sich per Boot die Fischzucht ganz aus der Nähe ansehen. Dazu gibt es Verkostungen. Seča 142, 6320 Portorož. (+386 51) 60 56 05, www.fonda.si

Markttag mit Flair

PULA

Kosten, plaudern, bummeln. Wir sind unterwegs durch die historische Markthalle von Pula. Der „Bauch" Istriens ist der absolute kulinarische Hotspot in der Hauptstadt. Kommen Sie bloß nie hungrig hierher!

Als Gastronomin beginnt für mich so ziemlich jede Istrienreise mit Magenknurren, Speichelfluss und kulinarischer Vorfreude. Heute auf meinem kulinarischen Lieblingsprogramm: ein Bummel durch die **historische Markthalle** von Pula mit dem unaussprechlichen Namen „Tržnica". Seit 1903 hat das architektonische Schmuckstück seine Pforten geöffnet. Gebaut vom Unternehmer Jakob Ludwig Münz. Feinster Jugendstil. Mit einer imposanten Konstruktion aus viel Stahl und noch mehr Glas. Außen führt eine Doppeltreppe aus Stein in den ersten Stock. Dort fallen zwischen all den Lokalen und Ständen die runden Laternen, die bunten Wandmalereien und die Terrakotta-Skulptur einer eleganten Dame mit Hut und Tasche ins Auge.

Spannend zu beobachten: In der Markthalle treffen Dorfmenschen auf Stadtleute, Originale auf Typen, Bauern auf Händler, Verkäufer auf Lieferanten, Hausfrauen auf Studenten. Die Bewohner von Pula sehen ihren Markt als das Herzstück der Stadt, als unkomplizierten Treffpunkt, als erfrischenden Kontrapunkt zu den uniformen Shoppingzentren. Hier grüßen sich Fremde und insgesamt herrscht eine unbeschwerte, laute, lebhafte, ja fast übermütige Stimmung. Inklusive aller Düfte und Aromen, die durch das Sezessionsgebäude ziehen. Wer hungrig wie ich hierherkommt, ist aufgrund der unzähligen Möglichkeiten gnadenlos **111** verloren.

Das Erdgeschoß beheimatet den Fischmarkt und die Fleischhallen. Im Obergeschoß reihen sich kleine Cafés, Imbisse, Restaurants, Bars, Bäckereien, Delikatessenläden usw. aneinander. 60 Geschäfte insgesamt.

Wir lieben das Ritual des Kaffeetrinkens vor oder nach dem Einkauf, das Schnabulieren von herrlichen Produkten an den Ständen, das Feilschen um den Preis – all dies ist Teil der Markttradition in Istrien. Und die gute Stimmung. Die ist nämlich hochgradig ansteckend.

Streetfood auf Istrianisch

Sie möchten die gesamte Vielfalt des kulinarischen Angebots kennenlernen? Dann beginnen Sie im Freien. Auf dem Grünmarkt. Vor der Markthalle türmen sich auf den Ständen Honigtöpfe, feine Trüffelgläser, Feigenkränze, Strohblumen, Melonen, selbst gemachtes Ajvar und Marmeladen, Steinpilze, Sonnenblumen und Wein. Rund um das Gelände herum haben sich trendige Bars und gemütliche Straßencafés angesiedelt. Wie die „Caffe Bar Milan 1967" am Narodni Trg gleich neben der Halle zum Beispiel. Ein moderner Glas-Kubus, in dem fantastischer Cappuccino serviert wird. Im Sommer sitzen wir natürlich direkt in der Sonne. Wir laufen zum Stand der Brüder Jelenić, um ein Stückerl Salami einzupacken. Am längsten verweilen wir vor der lässigen „Goat to go"-Bar mit dem Namen „Plac-e" vom Ziegenkäse-Produzenten Aleš Winkler aus Krnica. Neben frisch gerührtem Joghurt und Käsespezialitäten von seinem Hof „Kumparička" lockt Trendfood wie Ramen, Salate mit Kichererbsen und Gemüse, Pasta, Ziegenkäse-Sandwiches usw. Durchkosten ist Pflicht. Streetfood auf Istrianisch.

Info

Markthalle: Täglich ab 7 Uhr bis Mittag geöffnet.
Narodni trg 9, 52100 Pula, www.trznica-pula.hr

ESSEN UND TRINKEN

112

Stancija Kumparička: Bio-Käserei, 24 km nordöstlich von Pula. Absolut besuchenswert. Der Jurist Aleš Winkler produziert den wohl besten Ziegenkäse Istriens.
Cokuni 25, 52208 Krnica. (+385 92) 26 32 079, www.kumparicka.com

Historische Markthalle

32

33

Die Hauptstadt ganz persönlich

PULA

Es gibt so viel zu entdecken. Istriens größte Stadt punktet nicht nur mit antiken Bauwerken, ihrer spannenden Vergangenheit als bedeutendem Marinestützpunkt, sondern auch mit ihrer Lebenslust. Meine persönlichen Lieblingsplätze.

Amphitheater

Das beeindruckende römische Amphitheater dominiert Pula seit fast 2000 Jahren. Wer die Arena nicht kennt, missachtet in Paris wohl auch den Eiffelturm. Fanden früher vor 23.000 Menschen Gladiatorenkämpfe und wüste Seeschlachten statt, begeistert die Kulisse heute als Open-Air-Eventlocation. Der ovale Bau aus weißem Kalkstein misst 132 mal 105 Meter und ist teilweise bis zu 33 Meter hoch. Wer nachzählen möchte: Die zwei übereinanderliegenden Arkadenreihen umfassen je 72 Steinbögen. Flavijevska ulica, 52100 Pula. www.pulainfo.hr

Forum

Atmosphäre schnuppern. Hier! Auf dem Hauptplatz, dem Forum in der Altstadt. Der antike Augustustempel mit seinen Säulen ist der Göttin Roma geweiht und ist kaum zu übersehen. Daneben: das Rathaus mit den eleganten Arkaden. Nur ein Gebäude weiter winken wir Sie in ein perfektes Lokal zum Leuteschauen und Espressotrinken: das Künstlercafé „Cvajner" mit seinen bunt zusammengewürfelten Armsesseln. Im Inneren wurden bei Renovierungsarbeiten Fresken entdeckt. Dürstet es uns nach einem feinen Gläschen Malvasia, switchen wir zur Alena in ihre „Enoteca Istriana".

114 Enoteca Istriana. Forum 11, 52100 Pula. Cvajner. Forum 2, 52100 Pula.

Triumphbogen der Sergier

Durch den Triumphbogen schreiten. Das hat was. Fühlt sich irgendwie erhaben an. Der acht Meter hohe Bogen ist drei Brüdern der Herrscher-

Aquarium

„Hook and Cook"

Triumphbogen

Olivenöl-Museum

Leuchtende Kräne

33

familie der Sergier gewidmet, die im Krieg gefallen sind. Gleich daneben schlürfen wir einen kurz gezogenen Espresso mit James Joyce. Der Schriftsteller sitzt in Bronze gegossen als Statue auf der Terrasse des Café Uliks. Mit Blick auf den Torbogen. Die Bewohner Pulas sind anscheinend nicht nachtragend: Joyce hat zwar Pula als das letzte „Kaff" bezeichnet, trotzdem wurde ihm ein Denkmal gesetzt. Trg Portarata

Zerostraße
Galerien in den Souterrains. In der Nähe des Doppeltores hat die Stadt einen der Tunnel aus dem Ersten Weltkrieg für Besucher geöffnet. Einen 400 Meter langen Abschnitt, in dem Ausstellungen, Konzerte und Events stattfinden. Spannend: Das unterirdische Labyrinth verläuft unter ganz Pula und diente als Luftschutzkeller für die Bewohner. Mehr als 50.000 Menschen (!) finden hier Platz – das ist ein Großteil der Bevölkerung von Pula.

116 Carrarina ulica 3, 52100 Pula. www.ppmi.hr

Leuchtende Giganten
Das ist die erträgliche Leichtigkeit des Scheins. Wenn am Abend bei Anbruch der Dunkelheit zu jeder vollen Stunde ein ganz besonderes Lichtspektakel

in der Werft Uljanik über die Bühne geht. Da strahlen nämlich die riesigen Hafenkräne für 15 Minuten in den herrlichsten Farben. 16.000 Leuchtdioden machen dies möglich. Die leuchtenden Giganten funkeln erst seit ein paar Jahren, trotzdem haben sie bereits jetzt Kultstatus.

Bitte zu Tisch!

Wo dürfen wir heute anrichten? Sehr angesagt ist momentan das Bistro „Alighieri" mit italienischer Küche (Danteov trg 2). Typisch istrische Gerichte schmecken uns seit Langem in der „Vodnjanka" (Viteziceva Ulica 4) am besten – da ist immer viel los. Spannend: Das Hotel-Restaurant „Amfiteatar", unweit der Arena, hat wieder den Gourmethimmel erklommen und ist mit seiner ideenreichen, modernen Küche das meistprämierte Lokal der Stadt. Hippes Street-Seafood kommt bei „Hook and Cook" auf die Teller (Ulica Sergijevace 18). Für einen urbanen Lunch geht es ins coole „Epulon Food and Wine" in Industriedesign (Epulonova Ulica 4). Nicht vergessen dürfen wir den Klassiker für ausgezeichnete Meeresküche: das „Milan" (Stoja 4), gegenüber des bekannten Marinefriedhofs.

Olivenölmuseum „Oleum Histriae"

Dem „Grünen Gold" Istriens wurde ein Museum gewidmet. Auf 500 m^2 erfahren wir alles über die Geschichte des Olivenöles – von der Antike bis in die Gegenwart. Mit geführten Verkostungen und einem grandiosen Laden: Über 30 istrische Topproduzenten werden hier geführt: Mate, Ipša, Balija, Oleum Viride, Chiavalon usw.
Ulica Sv. Teorora 1a. (+385 52) 66 12 35, www.oleumhistriae.com

Makina Galerie

Den Geist füttern? Gerne. Die Galerie Makina des Fotografen Hassan Abdelghani zeigt spannende zeitgenössische Fotografiekunst.
Kapitolinski trg 1, 52100 Pula. www.galerijamakina.com

Nemo zieht immer – das Aquarium

Familiärer Rettungsanker bei Schlechtwetter. Stundenlanges Beobachten der Seepferdchen, der leuchtenden Quallen, Schildkröten, Rochen, Haie usw. Über 100 Aquarien und Terrarien. In der alten Wehranlage, dem Fort Verudela, südlich gelegen.
Verudela, 52100 Pula. Täglich von 9–16 Uhr geöffnet. www.aquarium.hr

34

Perlen für die Perle

RABAC

Das ehemalige Fischerdorf Rabac wird auch die „Perle der Kvarner-bucht" genannt. Hier eine Erklärung, warum der Titel auch heute noch Gültigkeit besitzt.

Zugegeben. Das deutsche Wort „Rabatzzz" klingt irgendwie nicht ganz rund. Eher wie „rabiat". Irgendwie nach Krawall. Dabei stammt der Name von den frechen Singvögeln ab, den Spatzen – „vrabac" auf Kroatisch. Seit den 1960er-Jahren wird Rabac als die **„Perle der Kvarner-bucht"** bezeichnet: damals ein idyllisches Küstendörfchen mit einer Handvoll Steinhäusern, tüchtigen Fischern und Seeleuten und einer seligen Ruhe. Heute pulsiert im Sommer das Leben, denn aus Rabac ist einer der beliebtesten Ferienorte Istriens geworden – mit einem Mords-trubel in der Hochsaison. Das Image der „Perle" stimme schon lange nicht mehr, unken viele Journalisten und Reisebuchautoren. Ich schlie-ße mich da nicht an und erkläre Ihnen warum:

1. Stellen Sie sich eine **Perle** vor. Das Perlmutt schimmert herrlich in al-len Farben. Mit Rabac ist das ähnlich. Die Häuser, die sich an den Berg-hang schmiegen, leuchten von Rot bis Blau, von Gelb bis Terrakottafar-ben. Die Lichterketten funkeln am Abend in den Gassen sowie vor den Lokalen und die Gäste strahlen über das ganze Gesicht.

2. Sie wissen, wie kostbar und begehrt **Perlen** seit jeher sind. Rabac ist auch begehrt: als eine der bekanntesten Urlaubsdestinationen hat es sich längst einen Namen gemacht. Auch wenn die sozialistische Touris-musarchitektur hie und da ihre Spuren hinterlassen hat. Die muss man im Kontext ihrer Zeit sehen, um sie zu verstehen.

3. **Perlen** stehen symbolisch für die Reinheit. Haben Sie schon einmal einen Blick in das Meer geworfen? Ich sage nur: blitzsauber, kristallklar, tiefblau bis türkisgrün. Die Kiesel- und Steinstrände laden überall auf einen erfrischenden Sprung ins Wasser ein.

Perleninstallation am Felsen

34

4. **Perlen** werden große Heilkräfte nachgesagt: Sie sollen gegen Unzufriedenheit, Stress sowie innere Konflikte helfen und positiv stimmen. Allein die atemberaubende Aussicht auf das Meer, auf die Kvarner Inseln Cres und Krk gibt unendlich Kraft und lässt das Herz höherschlagen.

5. Besonders edel wirken **Perlen**, wenn sie schön eingefasst sind. Dichte Pinienwälder und eine mediterrane Macchia-Landschaft mit Erdbeerbäumen, Perückensträuchern, Pinien, Lorbeer, Palmen und Feigenbäumen umarmen den bunten Ferienort auf sanfte Weise.

Der bekannte, bereits verstorbene Maler, Bildhauer, Grafiker, Designer und Illustrator Vasko Lipovac hat Rabac als „Perle der Kvarnerbucht" ein Denkmal gesetzt – in Form von Perlen als skulpturale Inszenierung. Der Künstler befestigte auf der Halbinsel St. Andreas auf einem in das Meer ragenden Felsen rund zwanzig weiße Marmorkugeln. Diese „Perlen" sind verschieden groß und wirken wie zufällig platziert. Sie trotzen dem Wetter und den Wellen, Meeresvögel balancieren auf ihnen munter umher. Dann entdecken die Kinder den Felsen und kraxeln auf ihm herum, daneben baden Einheimische und Urlauber. Der Strand liegt unterhalb der Promenade, die zusammen mit dem Hafen das Zentrum von Rabac bildet. Der belebte Lungomare erstreckt sich quasi entlang des gesamten Ortes: mit unzähligen Cafés, Weinbars, Konobas, meterhohem Oleander, Palmen und Souvenirständen. Zum Abschluss soll erwähnt sein, dass die Perle für Wohlwollen, Vertrauen, Freundschaft, Ehrlichkeit, Loyalität und vor allem für Glück steht. Das werden wir brauchen. Denn nur mit Glück bekommen wir am beliebtesten Badestrand, der 500 Meter langen Maslinica-Bucht, noch ein freies Plätzchen.

Info

www.rabac-labin.com

ESSEN UND TRINKEN

Nostromo: Stilvolles Hotel-Restaurant, sehr sympathischer Familienbetrieb. Fisch und Meeresfrüchte in allen Spielarten.
Obala Maršala Tita 7, 52221 Rabac. (+385 52) 87 26 01, www.nostromo.hr

120

OLIVENÖL

Oleothek Oleum Viride Belić: Das Olivenöl der Familie Belić wurde zu einem der besten der Welt gekürt. Wunderschön designte Flaschen.
Creska 34, 52221 Rabac. (+385 52) 87 21 89, www.oleabb.hr

Listenweise gute Tipps

ROVINJ

Ich liebe Listen. Daher habe ich eine für die bezauberndste Stadt Istriens geschrieben: Rovinj. Worauf ich mich jedes Jahr am meisten freue. Natürlich kommen dabei Essen und Trinken nicht zu kurz.

Euphemia als Wetterhahn

Wie das Wetter wird? Da müssen wir Euphemia fragen. Beziehungsweise einen Blick auf die vier Meter hohe Kupferstatue werfen. Die Schutzpatronin Rovinjs steht auf der Spitze des Glockenturms der Euphemia-Kathedrale und dreht sich quasi wie ein „Wetterhahn". Blickt sie aufs offene Meer, bleibt es schön, dreht sie ihr Gesicht Richtung Landesinnere, kommt schlechtes Wetter. Schwindelfreie schaffen den Aufstieg über die schmale Holztreppe zum 60 Meter hohen Campanile. Egal welche der glatt polierten Gassen wir emporsteigen: Jede führt zur Kathedrale. Die Künstlerstraße „Grisia" ist aber die schönste.

Altstadtflair

Bestes Material für Ihren Instagram-Auftritt: das sympathische Gassen-Wirrwarr, die kreuz und quer gespannten Wäscheleinen, die großäugigen Katzen auf den Steintreppen, die leuchtenden Fassaden in Apricot, Dottergelb, Terrakotta, Lindgrün und Venedig-Rot. Rovinj besitzt eine Altstadt par excellence. Nicht verpassen: das barocke Balbi-Tor, den Stadt-Palast, den Stadtturm mit Uhr und Markuslöwe, die Festungsmauern und Stadttore.

Badeausflug mit Mehrwert

Zum Baden geht es auf die „Rote Insel" (St. Andreas-Insel). Einfach im Hafen ein Taxiboot rufen oder mit dem öffentlichen Schiffsverkehr hintuckern. Der Wasserweg ist ein Garant für die schönsten Urlaubsfotos, denn von der Meeresseite aus gesehen gibt's den perfekten Blick auf

Rovinj mit ihrer bezaubernden Silhouette. Auf der „Roten Insel" findet man mehrere Buchten, die seicht ins Wasser abfallen und eine gute Infrastruktur bieten. Auch zu empfehlen ist der Mulini-Strand oder die Bucht Lone. Familienfreundliche Strände: Veštar und Amarin.

Einkaufsbummel

Mitbringsel à la Badeschwämme waren gestern. Uns gefallen die maritimen, flotten Armbänder mit genialen Knoten und edlen Ankern von „Break time" (Arsenale 10). Mein Lieblingsladen? Das „Ribica Atelje" (Sveti Križa 35): Hier findet man Kunst in der Sardinendose, stylische Espandrillos der Designerin „Evita", handgemachten Schmuck, moderne Keramik usw. Ein Zagreber Geschwisterpaar fertigt lässige Ledertaschen, Geldbörsen und Gürtel – „Koza" heißt ihr Laden in der Altstadt. Bekannt ist die „Galerija Brek" neben dem Balbi-Bogen: mit Bildern, Keramik, Skulpturen von lokalen Künstlern. Der Lieblingsshop meiner Buben? Der 50-Kuna-Laden, wahhh!

Für Genießer

Istriens Gourmethimmel heißt „Monte" der Familie Dekić. Ich sage nur: drei Hauben, ein Michelin-Stern. Gleich unterhalb der Euphemia-Kathedrale. Einheimischen-Treffpunkt ist das Kunterbunt der Konoba „Veli Jože". Gastronomiefamilie Pellizzer überzeugt in Rovinj mit drei Lokalen: dem „Puntulina" mit gigantisch schönen Meeresterrassen, das beständig gute „Giannino" sowie die „Rio Snack Bar" – das ist eine charmante Untertreibung –, dahinter verbirgt sich ein fesches Ristorantino am Hafen. Neu entdeckt haben wir das trendige All-in-one-Lokal „Bookeria": für Frühstück, Brunch, Lunch, Aperitivo und Abendessen. Für mich als Autorin und Gastronomin der perfekte Name für ein Lokal. Außerdem steht auf der Terrasse immer eine Schreibmaschine rum. Die angesagteste Essensadresse ist momentan das „Barba Danilo" südöstlich von Rovinj am Campingplatz Ulika – eine Edelkonoba mit sehr guter Küche und sympathischen Wirtsleuten.

Sonnenuntergänge

122 Sollten Sie am Abend gerade nicht auf der Insel der Heiligen Katharina gegenüber von Rovinj verweilen, um von dort die schönsten Sonnenuntergangsfotos zu knipsen, empfehle ich die schicke, sehr bekannte Cocktailbar „Valentino" auf den Felsen am Lungomare. Neidisch machen Sie die Daheimgebliebenen auch mit Bildern in der „Mediterraneo

Mediterraneo

Puntulina

Altstadtidyll

Kunstmeile Grisia

Bar" – hier sitzen wir auf bunten Hockern, Kissen und Poufs direkt am Meer unter weißem Segeldach. Das Publikum ist sehr international. Die jüngeren Einheimischen treffen sich lieber in der Aperitivbar „Circolo" hinter dem Hafen, die älteren im urigen „Spacio Grota" (der Hauswein kommt aus der Zapfsäule) am Marktplatz und die Weinkenner in der „Villa Dobrovac" im Norden Rovinjs, nach dem großen Parkplatz. Familie Dobrovac keltert von Meisterhand edle Weine, verkauft in ihrem kleinen Laden selbst angebautes Obst und Gemüse sowie Olivenöl und führt hier eine Pension mit einer kleinen Weinbar mit lauschiger Terrasse. Hier sind immer die Top-Winzer Istriens zu Gast.

Info

www.rovinj-tourism.com

ESSEN UND TRINKEN

Monte: Das meistprämierte Restaurant Kroatiens. Spannende Erlebnisküche. Direkt unter der Euphemia-Kathedrale.
Montalbano 75, 52210 Rovinj. (+385 52) 83 02 03, www.monte.hr

Puntulina: Unschlagbare Stimmung auf den Meeresterrassen. Feine Fischvorspeisen, viel Pasta und natürlich der „Fang des Tages."
Sv. Križa 38, 52210 Rovinj. (+385 52) 81 31 86, www.puntulina.eu

Barba Danilo: Edel-Konoba als Publikumssieger. Moderner Twist, so weit die Teller reichen.
Polari 5, 52210 Rovinj. (+385 52) 83 00 02, www.barbadanilo.com

124

Echt anziehend!

ROVINJ

„Startas"-Schuhe aus Kroatien erobern seit 1976 die ganze Welt. Die wenigsten wissen, dass für den Erfolg der Kultsneakers ein Designer aus Rovinj verantwortlich ist: Mauro Massarotto.

Lehnen Sie sich zurück, denn für meine nächste Geschichte muss ich ein wenig ausholen. Schließlich beginne ich in meiner Kindheit. Also vor über 30 Jahren. Weil sich im Urlaub am Strand von Savudrija meine Espandrillos aufgelöst haben, bekam ich in einem Laden ein dunkelblaues Paar Turnschuhe aus Stoff. Einfarbig. Maritim. Mit weißer Gummisohle. Eh schön. Das war mein erstes Paar **„Startas"**. Die Sneakers waren supergünstig, wir haben sie in Dinar bezahlt. Das Wort „Sneakers" hat so um 1988 noch niemand benutzt.
Lachen Sie nur: Die anderen in der Schule trugen die legendären „Jogging High" von adidas, ich den Jugo-„Converse". Doch heute weiß ich: Ich war eine Modepionierin. Denn die ehemaligen Kommunistenturnschuhe verkaufen sich derzeit auf der ganzen Welt. Sogar die Modebibel „Vogue" schrieb über die wiederentdeckten Stoff-Schlappies.

Fröhlich, bunt, leichtfüßig
Für den Relaunch und den außergewöhnlichen Erfolg der „Startas" zeigt sich der Designer Mauro Massarotto verantwortlich. 20 Jahre waren die „Startasice", so wie sie in Kroatien genannt werden, in Vergessenheit geraten – Massarotto machte sie mit seinem Projekt „Long Live Startas" wieder trendig und hip. Der 41-Jährige wurde in der wohl schönsten Stadt Istriens geboren: Rovinj. Vielleicht war es auch seine fröhliche, bunte und lebenslustige Heimatstadt, die den Designer zu seinen flotten, jugendlichen, entzückenden Mustern auf den Schuhen inspirierte. So zieren süße Einhörner den robusten Canvas-Stoff, dunkelrote Kirschen, lindgrüne Pünktchen, königsblaue Anker oder lässige Streifen.

125

Eigentlich wurden die leichtfüßigen „Startas" für Tischtennisspieler konzipiert. Von der Schuhfabrik Borovo in Vukovar. Das war 1976. Die Firma existiert bereits seit 1931. Als ich meine Startas im Urlaub bekam, nähten die Arbeiterinnen bereits fünf Millionen Paar Schuhe im Jahr. Gigantisch viele. Die Turnschuhe waren der Renner. Bis im Krieg in den 1990er-Jahren die Bomben das Unternehmen schwer trafen. So waren die „Startas" vom Markt fast verschwunden. 1998 startete das Unternehmen die Produktion neu. Langsam. Nach ein paar Jahren kam Designer Mauro Massarotto an Bord. Heute designt er unter seiner Marke „Sheriff & Cherry" verrückte Sonnenbrillen. Die Sängerin Rihanna trägt die kultigen Gestelle auf ihrer Nase – auch Beyoncé und Keira Knightley sowie eine gewisse Silvia Trippolt aus dem Kärntner Lavanttal.

Info

Augen auf in der Altstadt von Rovinj, in Umag, in Pula, Poreč, Pazin und Labin: Hier überall gibt es die leichtfüßigen Startas zu kaufen. www.borovo.hr

„Sheriff & Cherry": www.sheriffandcherry.com

36 ROVINJ

SHERIFF&CHERRY

Mauro Massarotto

37

Die singenden Fischer

ROVINJ

....

Ausdrucksstark und bodenständig. Die volkstümlichen Fischerlieder begleiten die Bewohner von Rovinj von Kindesbeinen an. Der Ursprung der sogenannten „Bitinada" liegt lange zurück, doch die Botschaft wurde über all die Jahre bewahrt und weitergetragen.

Höre ich ein Kärntner Lied, tritt Folgendes ein: Herzschmelze. Ich weiß, in der Zeit von Unz-Unz-Musik ist das wohl kaum vorstellbar. Für einzigartige Gänsehautmomente sorgen in Rovinj die „Bitinada" – das sind wundervolle, volkstümliche Fischerlieder. Viele Jahre war dieses Kulturgut fast verschwunden, doch heute stehen sie wieder für gelebtes Brauchtum und vor allem für die Fischertradition Rovinjs. Oberflächliche Folklore für Pensionistenvereine? Ich bitte Sie! Eigentlich handelt es sich bei der **„Bitinada"** um eine historische Mischung aus Beatboxing, Vocal Percussion und A-cappella-Gesang. Manchmal werden die Lieder mit einer Gitarre oder Mandoline begleitet.

Sobald jemand mit einem Solo loslegt, stimmen die anderen im Chor mit ein. Aber nicht unisono, sondern als eine Art Orchester. Die Sängerinnen und Sänger untermalen und begleiten die Hauptstimme und tragen sie thematisch durch das Lied. Dabei imitieren sie Instrumente. Der historische Hintergrund: Die Fischer auf hoher See hatten ja nie die Hände frei und konnten kein Musikinstrument halten, daher haben sie einfach ihre Stimme als Instrument benutzt. Wenn es in einer „Bitinada" um das weite Meer geht, hört man aus dem Lied die Wellen, wird der Sonnenuntergang besungen, läuten im Hintergrund die Abendglocken. Das Ganze klingt sehr stimmungsvoll. Natürlich. Kraftvoll. Ausdrucksstark. Weiche, getragene, melancholische Melodien wechseln sich mit schwungvollen, flotten, temperamentvollen Tönen ab. Unter dem wachsamen Auge der Schutzpatronin Rovinjs, der Heiligen Euphemia als Skulptur auf der Basilika, gleiten die Batana-Boote in den Sonnenuntergang.

128

Venedig ist sehr stolz auf seine Gondeln, Rovinj auf seine Batana-Boote. Der Rumpf wird traditionell aus Eichenholz gebaut. Die Boote sind vier bis acht Meter lang, mit einem viereckigen Segel und sehr flach. So können die Fischer auch in seichten Küstenabschnitten arbeiten. Das Wort „Batana" kommt vom italienischen „battere" und bedeutet schlagen. Damit ist das Geräusch gemeint, wenn das Boot mit dem Rumpf auf die Wellen schlägt. Die Batana werden mit Rudern gefahren, heute ergänzt die Muskelkraft jedoch ein kleiner Motor.

Rund um das kleine **Bootsbau- und Fischermuseum „Haus der Batana"** am Hafen von Rovinj lässt ein launiges Erlebnisprogramm die Fischereitradition wieder aufleben. Mit Bootstouren, Fischeressen im „Spacio" (eine Art Konoba im Weinkeller) und Bitinada-Gesängen. In einem dieser Boote haben mein Mann und ich ein Kärntner Lied angestimmt. So ergreifend es halt ging. Was glauben Sie, was bei den Zuhörern eintrat? Genau: Herzschmelze.

Info

Batana Museum: Kleines, sehr nett aufbereitetes Museum zum Thema „Batana". Im Hafen.
Obala P. Budicina 2, 52210 Rovinj. (+385 52) 81 25 93, www.batana.org

Die hängenden Boote

Von unbeschwerten Ferien am Meer, einer traurigen Liebe, dem mächtigen Leuchtturm und Booten, die fliegen können.

So. Jetzt sind sie da. Die Ferien. Endlich. Die Zeugnisse sind verteilt, die Schultaschen werden ins Eck gepfeffert und es zieht uns an Plätze, die uns guttun und wo wir die Seele baumeln lassen können. Oft sind es genau die Orte, an denen wir schon in unserer Kindheit glücklich waren. Der kleine Badeort Savudrija im Nordwesten Istriens ist so ein Beispiel. Dort ragt immer noch dieselbe Mole ins Meer, von der meine Schwester und ich vor 30 Jahren den ganzen lieben langen Tag ins Wasser sprangen. Wo zwei ziemlich zaundürre, quietschfidele Mädchen durch riesige, schwarze Taucherbrillen stundenlang die Fische beobachtet haben. Wo wir grüne Seeigelskelette gesammelt, hutzelige Steckmuscheln gefunden und uns vor einer Meeresspinne erschrocken haben.
Dass es hier, in dem kleinen 400-Einwohner-Küstenort einmal einen bedeutenden römischen Hafen gegeben hat, wussten wir nicht. Taucher können heute noch die Überreste in der Unterwasserwelt erkunden.

„Bohnenstangen" am Meer
Als Kinder begutachteten wir indes an der Felsküste diese seltsamen „Bohnenstangen", die wackelig und hölzern ins Meer ragten. Boote hingen auf diesen merkwürdigen Holzkonstruktionen. Meist waren sie weiß und azurblau. Sie schwebten an Seilen, Flaschenzügen und Haken oft sogar mehrere Meter über dem Meer. Als Kinder träumten wir mit diesen Booten auf und davon zu fliegen. Wie Aladin auf seinem Teppich. **131**
Die Boote müssten zugegebenermaßen aber ziemlich hoch fliegen, denn ein wenig nach hinten versetzt baut sich der mächtige **Leuchtturm** von Savudrija auf. Und der ist immerhin 36 Meter hoch – das unumstrittene Wahrzeichen von Savudrija. Seit 1818. Seit der österreichische Fürst

Metternich (ja, der mit dem Wiener Kongress und der Neuordnung Europas) den bekannten Architekten Peter von Nobile engagiert hat, diesen Leuchtturm für eine istrische Schönheit zu erbauen. Dass seine Herzensdame zu seinem Entsetzen vor Vollendung des Leuchtturms zu Tode gekommen ist und Graf Metternich daraufhin keinen Fuß mehr hineingesetzt hat, erzählt eine beliebte Legende. Auch, dass man angeblich seine suchenden Schritte und sein Seufzen im Turm hören kann. Wer sich davon persönlich überzeugen möchte, kann das tun und die Ferienwohnungen im Leuchtturm buchen.

Auch heute noch hängen die Fischer in Savudrija ihre Boote als Schutz vor den stürmischen Wellen auf die Holzgerüste am Meeresufer. Wie vor Hunderten von Jahren. Die Pfeiler wurden im Laufe der Zeit immer wieder ausgetauscht. Jedes Mal, wenn ich in Savudrija bei den hängenden Booten stehe, suche ich nach den Namen, die wir damals mit einer Muschelschale ins Holz geritzt haben. Und dann fühle ich mich wieder wie früher. Sie wissen: die gute alte Zeit. Mit einer tadellosen Kindheit und unbeschwerten Ferien.

Die schwebenden Boote sind längst zur Touristenattraktion geworden.
www.coloursofistria.com

ESSEN UND TRINKEN

Pergola: Gehobene istrische Küche von Spitzenkoch Fabricio Vežnaver.
Sunčana 2, 52475 Savudrija. (+385 52) 75 96 85, www.pergola.com.hr

Konoba Toni: Familienbetrieb mit prima Fischküche, im alten Fischerdorf Zambratija.
Siparska 8, 52475 Savudrija. (+385 52) 75 95 70, www.restaurant-toni.eu

WEIN UND OLIVENÖL

Weingut Degrassi: Bekannter Winzer mit ausdrucksstarken Weinen. Die Weinberge liegen nur wenige Hundert Meter vom Leuchtturm entfernt.
Podrumarska 3, 52475 Savudrija-Bašanija. (+385 52) 75 92 50, www.degrassi.hr

132

Olivenöl Agrofin: Eines der besten Olivenöle Istriens: „Mate" von Agrofin.
Romanija 60a, 52475 Savudrija. (+385 52) 75 92 81, www.mateoliveoil.com

Geschützt – die hängenden Boote von Savudrija

38

39

Die Kraft der Klippen

....

Endstation Sehnsucht. Wer auf den steilen Klippen von Strunjan innehält, dem wird sich eine neue Welt auftun: Denn der Landschaftspark bildet für Tagträumer und Müßiggänger eine perfekte Kulisse.

Zerklüftete Felsen, steile Klippen, tiefblaues Meer. Die Schriftstellerin Rosamunde Pilcher hätte hier wohl sofort zu Papier und Stift gegriffen. Denn diese romantische Szenerie rund um Strunjan im slowenischen Istrien mit seiner Bilderbuchlandschaft verzaubert jeden. Klingt nach Kitsch? Nicht doch. Eher nach unberührter Natur, imposanten Gesteinsformationen und atemberaubenden Ausblicken. Die Halbinsel Strunjan positioniert sich wunderschön als grüne Oase zwischen dem Urlaubsort Izola und dem Küstenstädtchen Piran. Der 4,3 km² große Landschaftspark umfasst zwei geschützte Naturreservate: Strunjan im Norden mit den spektakulären Klippen und Strunjan-Stjuža mit den aufgelassenen Salzfeldern.

Seitenblicke ins Grün und Blau

Wer auf dem Kap im Norden des Landschaftsparkes steht und die Kraft der Steilklippen spürt, erkennt schnell: Strunjan eignet sich nicht für eilige Touristen, sondern für Müßiggänger, Tagträumer und Genussmenschen. Allein schon die herrliche Aussicht verklärt die Gedanken und reicht weit hinaus aufs adriatische Meer und bis in den Golf von Triest. Bei guter Sicht leuchten in der Ferne sogar die schneebedeckten Berge der Julischen Alpen. Die Klippen fallen hier bis zu 80 Meter tief. Mit einem Meeresstreifen von 200 Metern Länge bilden sie eine der höchsten Flyschwände Istriens. Das bröckelige, weiche Ton- und Sandgestein wird ständig neu geformt und ist doch vor Millionen von Jahren entstanden. Unter dem Kliff schmiegt sich die Mondbucht (Mesečev zaliv), eine der wohl schönsten und ursprünglichsten Buchten Sloweniens, an das versteckte Ufer. An die felsige Küste hinunter führt übrigens ein kleiner Pfad.

Leuchtende Kakis

Strunjans Klippen – zauberhafte Mondbucht

39

Oberhalb der Klippen steht auf der Spitze ein weißes Kreuz. Manchmal hupen Schiffe beim Vorbeifahren. Das machen die Seefahrer noch heute, um den Schutz der Heiligen Mutter Gottes zu erbitten. Im 16. Jahrhundert soll hier die Madonna erschienen sein. Fünf Minuten Fußmarsch südlich des Kreuzes lohnt ein Blick in die **Marienkirche** als bedeutende Wallfahrtskirche mit Freskenmalereien aus mehreren Jahrhunderten. Sehr nett angelegt: der Kakteengarten vor dem Gotteshaus. Entlang der Bucht von Strunjan haben sich einige Hotels und Appartement-Anlagen etabliert, denn der Ort hat sich mit Thalasso-Therapien und dem Fango als heilendem Schlamm einen bekannten Namen als Kurort gemacht.

Bemerkenswerte Salzfelder

Über 700 Jahre arbeiteten die Salzgärtner in den Salinen von Strunjan. Heute allerdings nur noch zu Schauzwecken. Die Salzfelder sind Teil des Naturreservates und die ehemaligen Salinenhäuser haben sich in ein **Besucherzentrum** und in eine **Ausstellung** verwandelt. Die Form der flachen Salzbecken lässt sich noch gut erkennen: So wurden die Kanäle und Dämme in gleichmäßigen Vierecken angeordnet und fügen sich harmonisch in die Landschaft ein. Vor allem abends präsentiert sich das nahe Städtchen Piran mit seiner unverkennbaren Silhouette hinter den Salinen wie ein magischer Scherenschnitt. Nördlich an die Salinen grenzt die **Bucht Stjuža** – eine außergewöhnliche Lagune, denn sie bietet als Meeresfeuchtgebiet Hunderten Vogelarten ein Zuhause. Und falls Sie irgendwann etwas Elegantes, Rosarotes in der Luft sehen: Sie irren nicht – sogar Flamingos machen hier Station.

Landschaftspark Strunjan: Strunjan 152, 6320 Portorož. (+386 08) 205 18 80, www.naravniparkislovenije.si

Kulinarische Festivals: Ende Mai huldigt Istrien den Artischocken von Strunjan und im November findet hier das Kaki-Festival statt.

Pinienallee: Jedes Mal durchfahren ein Highlight. 110 riesige Pinien säumen den linken und rechten Fahrbahnrand der Hauptverkehrsstraße von Izola nach Portorož. Eigentlich kann man nicht vorbeifahren.

136

Wandern: Von Strunjan aus kann man großartige Spaziergänge machen: nach Izola, über Fiesa nach Piran und Porotoož. Allgemeine Infos finden Sie auf der Tourismusseite www.portoroz.si

Tierische Misswahl

....

Einmal im Jahr geht in dem kleinen Renaissancestädtchen ein ganz besonderer Schönheitswettbewerb über die Bühne: Gewählt wird nämlich die fescheste Ziege Istriens.

Spieglein, Spieglein an der Wand, wer ist die Schönste im ganzen Land? Ich tippe auf Mira. Mit ihrer rosaroten Krepppapier-Schleife um den schlanken Hals, ihrem dichten weißen Fell, ihren frechen Knopfaugen und ihrer stattlichen Schulterhöhe sticht sie optisch unter all ihren meckernden Kolleginnen eindeutig heraus.

Am **Johannistag Ende Juni** ist im kleinen, mittelalterlichen Städtchen Svetvinčenat im südlichen Mittelistrien alles auf zwei oder vier Beinen unterwegs. Denn jedes Jahr findet hier die Wahl der schönsten Ziege Istriens statt. Zur Orientierung: Svetvinčenat liegt 23 Kilometer östlich von Rovinj und 29 Kilometer nördlich von Pula und grenzt an die Gemeinden Vodnjan, Bale, Kanfanar, Barban und Žminj.

Charmantes Kleinod mit Geschichte

Umgeben von Wäldern, Viehweiden und Weingärten ist eine Sehenswürdigkeit nicht zu übersehen: die wuchtige **Burg Morosini-Grimani**. Ein venezianisches Kastell, sehr imposant – eines der besterhaltenen in Istrien. Die Steinburg ist unumstritten das Wahrzeichen des Ortes und bekannt für seine Ritterspiele und sein buntes Mittelalterfest im Sommer.

Neben der Burg auf dem trapezförmigen Hauptplatz, den die Bewohner **Placa** nennen, entdeckt man eine erhöhte Zisterne aus Stein. Von dort aus lässt man den Blick schweifen. Zur rechten Hand bröckeln 137 charmant die Fassaden der venezianischen Bürgerhäuser mit ihren eleganten Fenstern. Das letzte Gebäude in der Reihe ist die Stadtloggia mit ihrem typischen Säulenaufbau. Zur linken Hand erstrecken sich Palast, Eingangsportal, Wehrmauer sowie die Türme der Burg.

Sieht man geradeaus, erblickt man die Renaissancefassade der Maria-Verkündungs-Kirche.

Ein älterer Herr und eine elegante, junge Dame im weißen Spitzenkleid stehen gerade vor dem über und über geschmückten Tor. Ein stolzer Vater mit seiner Tochter als Braut am Arm. Hinter uns zupft ein Mütterchen an den leuchtend pinken Pelargonien, in der Osteria neben der Kirche sitzen Familien und schmausen wagenradgroße Pizzen, und ein junger Bursch irrt bizarr mit einer schwarzen 3D-Brille herum. Ach ja, im Besucherzentrum gibt es jetzt neu das „Haus der Hexe Mare". Mit 3D-Mapping.

Miss Ziege

Die Ziege Mira hat indes auf der Burgwiese eine Ehrenrunde gedreht. Bauer Marko führt sie an seiner Hand. Was der drahtige Mann an seinen Ziegen mag? Schließlich hat er immerhin gleich 150 Stück in seinem Stall: „Sie sind so fröhlich und lustig. Immer neugierig und lebhaft. Man kann sich gar nicht vorstellen, wie intelligent die Ziegen sind. Richtige Freigeister."

Die Istrianer können generell gut mit Ziegen. Als genügsames Nutztier haben sie in harten Zeiten viele Existenzen gesichert. Deshalb taucht die Ziege sogar als Wappentier in der istrischen Flagge auf. Und wenn man die Form der Halbinsel interpretiert, lässt sich beim genauen Betrachten die Form eines Ziegenkopfes erkennen.

Zugegeben, die Konkurrenz unter den Schönheitsköniginnen ist heute groß. Denn die Besitzer der Ziegen haben sie tüchtig herausgeputzt: mit Strohhüten auf dem Haupt und Seidenblumen um den Hals. Miss „Koza" (Ziege) wurde übrigens eine weiß-karamell-gefleckte Geiß mit weichen Schlappohren. Mira nahm ihre Niederlage jedoch nicht gerade gelassen hin – und fraß der Gewinnerin einfach den Siegeskranz aus grünen Zweigen auf. Ratzeputz. Strafe muss sein.

www.tz-svetvincenat.hr, www.grimanicastle.com

KULTURTIPP

Sehenswert: Wertvolle Fresken aus dem frühen 15. Jahrhundert findet man in den kleinen Kirchen des Heiligen Vinzenz am Friedhof und der Heiligen Katharina am östlichen Ortsausgang. Mit Loggia – ein schönes Beispiel der Volksromanik in Istrien.

Mittelalterfest

Altstadtflair

40

41

Köstliche Schweinereien

TINJAN, SVETI PETAR U ŠUMI

Das istrische Pendant zum italienischen Schinkenparadies San Daniele lautet: Tinjan. In der Region rund um diesen kleinen Ort stellen Produzenten gar köstlichen „pršut" her.

Bitte nicht stören, denn unser Himmel hängt grad voller Geigen – in Form von gar höchst delikaten „Violinen". Zart schmelzender, würziger Rohschinken baumelt vor unserer Nase. Die Keulen hängen vom Dachboden bis in das Erdgeschoß – und wir dürfen uns einen aussuchen. Der luftgetrocknete Schinken wird in Istrien „pršut" genannt, „vijulin" heißt er aufgrund seines geschwungenen Aussehens. Rund ein halbes Dutzend Schinkenproduzenten brachten dem Ort Tinjan, 22 Kilometer östlich von Poreč, den Beinamen **„Stadt des istrischen Rohschinkens"** ein. Jedes Jahr steigt hier im Oktober das größte Schinkenfest des Landes.
Wir haben bei Luka und Paolo Jelenić angeklopft, die in Sveti Petar u Šumi, sechs Kilometer südlich von Tinjan, seit 20 Jahren famosen Schinken herstellen. 1700 Stück produzieren die Geschwister im Jahr. Eines dieser herrlichen Stücke landet verlässlich im Trippolt-Haus. Unzählige Auszeichnungen haben die Jelenić-Brüder für ihren pršut bereits erhalten. Die Eingangstür zum Schinkenparadies ist gut mit mehreren Schlössern versperrt: „Sicher ist sicher", schmunzelt Paolo Jelenić. Die beiden Produzenten sprechen gut Deutsch, da sie mit ihrer Musikband „Funbox" immer wieder auf Tour sind.

Traditionelle Herstellung

140 Die Brüder arbeiten nach einem traditionellen Verfahren. Zuerst gilt es die Schweinekeulen in ihre spezielle Violinenform zu bringen, das Ganze wird gesalzen, mit Pfeffer eingerieben und gepökelt. Offen liegende Stellen verschließen Paolo und Luca mit einer Kombination aus Schmalz, Mehl und Kräutern wie Rosmarin, Lorbeer, Lavendel oder

41

Brüder Jelenić

Tinjan

Sveti Petar u Šumi

Thymian. „Knoblauch?“, fragen wir. Paolo grinst: „Alles wird nicht verraten.“ Jeder Produzent bewahrt sein eigenes Rezept. Danach vertrauen die Schinkenhersteller auf die Natur und hängen die Keulen in den Trocknungsraum. Es dauert einige Monate, bis die Bora den Schinken trocknet. Erst dann kommt der pršut in den dunklen Reifekeller. Oft bleibt er bis zu 30 Monate dort hängen. Paolo: „Ein Jahr mindestens.“ Erst nach dieser Zeit ist der Schinken bereit für den Anschnitt. Dieser erfolgt stets von Hand „und niemals mit der Maschine. Das beleidigt meinen Schinken“, betont Paolo. Er spannt die gesamte Keule in einen Schinkenständer und beginnt mit einem riesigen Messer dünne Tranchen zu schneiden. Nachdem sich ein Teil unserer Familie nicht von der Köstlichkeit wegbewegen kann, landet gleich beides im Auto: der Schinkenständer aus schwarzem Gusseisen mit Olivenholz sowie der ganze Rohschinken. Quasi als kulinarisches Souvenir.

Info

SEHENSWERT

Sveti Petar u Šumi. Pauliner Kloster und Kirche des Heiligen Peter und Paul: Das Benediktinerkloster aus dem Jahr 1174 ging 1459 an die Pauliner. Imposanter Kreuzgang, Renaissancesäulen im Erdgeschoß, romanische Säulen im Obergeschoß. Die Kirche erhielt ihre prachtvolle Ausstattung im Barock. 52423 Sveti Petar u Šumi 1.

ESSEN UND TRINKEN

Pršutana Jelenić: Bitte vorher anrufen! Die Brüder Jelenić öffnen gerne ihre kulinarische Schatzkammer. Vor dem Markt in Pula finden Sie einen Jelenić-Stand.
Pazinska cesta 2c, 52341 Žminj. (+385 91) 420 49 99, www.istarskiprsut.hr

142

Schinkenfestival Tinjan ISAP: www.isap.hr

Schinkenproduzenten in und um Tinjan finden Sie auf www.central-istria.com

Auf dem Dach Istriens

UČKA

Almfriede über dem Meer. Zu finden auf Istriens Naherholungs-berg, dem Učka-Gebirge. Ein Wander-, Paragliding- und Erho-lungsparadies mit einem der schönsten Panoramen der gesamten Halbinsel.

Hand aufs Herz: Wandern zählt nicht gerade zu meinen Lieblingshob-bys. Weil: Ich lebe in Kärnten quasi fast auf der Alm und bin rund um die Uhr vom grünsten Fichtengrün, den sanftesten Hügeln und bejo-delnswertesten Bergen umgeben. Da will ich im Urlaub eigentlich nur in der Adria schnorcheln, ein paar Gläser Malvasia heben und meine selige Ruh. „Die kannst du haben", nickt mein Mann und erzählt mir von duftenden, knallpinken Alpennelken, die über dem Meer wach-sen, von bunten Schmetterlingen (250 verschiedene Arten sollen he-rumschwirren) und einem maximal eineinhalb Stunden dauernden Fußmarsch. Also schnüren wir die Wanderschuhe.

Wenn in Istrien der Berg ruft, antwortet der Učka. Hinter der Rivie-ra von Opatija erhebt sich das über 20 Kilometer lange Bergmassiv an der Ostküste Istriens. Der Učka reicht vom Gebirgspass Poklon bis zur Bucht von Plomin, wo er ins Meer fällt.

Das Gebiet ist seit 1999 als **Naturpark** geschützt – um das zu erhalten, was die Istrianer ihrer nächsten Generation und auch den Gästen wei-tergeben möchten: eine unberührte Landschaft, eine intakte Flora und Fauna, spannende Naturerlebnisse sowie atemberaubende Aus- und Weitblicke. Das Učka-Gebirge bietet als beliebter Ausflugsberg eine wunderbare Vielfalt: über 200 Kilometer gut beschilderte Wanderwege **143** vom Meer auf die Gipfel, interessante Lehrpfade, rasante Mountainbi-kestrecken, abenteuerliche Startplätze für Paragleiter, tolle Möglich-keiten für Kletterer usw. Der Besucher braucht nur noch entscheiden: Aktion oder Entspannung?

Gipfelfreuden

Der Naturpark Učka ist 160 Quadratkilometer groß und zeigt sich zu über 70 Prozent von Wald bedeckt. Buchen, Eichen und Kiefern wechseln sich in der üppigen Vegetation ab, an den Osthängen gedeihen edle Maronibäume. Dazwischen: Dolinen, Höhlen, Felsnadeln, Wasserfälle, verlassene Weiler usw. Der höchste Punkt ist der Gipfel Vojak auf 1401 Metern Seehöhe bzw. der Steinturm, das Wahrzeichen des Učka-Gebirges. Wer hier oben steht, wird nicht nur Istrien mit neuen Augen sehen: Denn das Panorama reicht von den Kvarner Inseln auf die Berge in Gorski kotar bis nach Italien. Wanderer brauchen nur über eine Außentreppe auf die **Aussichtswarte am Vojak** aufzusteigen. Der Turm wurde 1911 zur Zeit der K.-u.-k.-Monarchie vom „Österreichischen Touristen Club" gebaut. Darin befindet sich eine Informationsstelle und ein kleiner Souvenirladen. Falls die Trinkflasche leer ist, gibt es hier etwas zum Auffüllen. Daneben ragt die Antennenanlage in die Höhe und direkt davor stürzen sich Gleitschirmflieger von der Startrampe, um das istrische Hinterland aus der Vogelperspektive zu erleben. Sehr beeindruckend: die Schlucht Vela Draga im Westen des Naturschutzgebietes.

Aus fast allen Küstenorten der Riviera von Opatija führen Wege auf den Učka. Doch der Schein trügt: Der Aufstieg vom Meer zum Gipfel ist nicht immer nur kurz und einfach. Schließlich gilt es 1400 Höhenmeter zu bezwingen. Mein Tipp für zartere Urlaubsfüße: Einfach den Poklon als Ausgangspunkt wählen. Da starten Wanderer bereits auf 922 Metern. Mit dem Auto geht es bis zum Gebirgspass, dort gibt es einen Parkplatz und man kann leicht und locker zum Vojak aufsteigen. Und wenn die Sohlen zu glühen beginnen, heißt es: raus aus den Bergschuhen und hinein in die Flip-Flops. Denn die Strände der Riviera sind nicht weit. Der beste Landeplatz nach einer Bergtour. Für einen herrlichen Sprung ins Wasser.

Poklon-Pass (922 m), Parkplatz, Schutzhaus des Alpenvereins.
Liganj 42, 51415 Lovran. www.pp-ucka.hr

Herrliche Aussicht vom Gipfel des Vojak

42

43

Spiel, Satz und Sieg!

UMAG

Umag an der Westküste Istriens gilt als das Ass im kroatischen Tennis-Olymp. Ein Blick hinter die Kulissen der Altstadt garantiert jedoch auch ein kulturell-geschichtliches Erlebnis.

Aus der Vogelperspektive betrachtet, erscheint Umag in drei Farben: Blau, Grün und Orange. Das blaue Meer, die grüne Vegetation sowie die zimtfarbenen Ziegeldächer, die rostrote Erde der Felder ringsum sowie die knallorangen Tennisplätze. Über 80 Plätze machen Umag zum Tennis-Paradies Kroatiens. Rund um das Jahr reisen die Spieler für ihren perfekten Aufschlag, ein Training und ein Match an. Wenn das ATP Tennisturnier der Croatia Open über die Bühne geht, rücken die Zuschauer im Stella Maris-Stadion mit 3500 Sitzplätzen schon sehr eng zusammen. Sie meinen, wer nicht Tennis spielt, hat in Umag nix zu suchen? Täuschen Sie sich nicht. Auch wir haben vor Ort immer ein schlechtes Gewissen, weil die sportlichen Menschen mit ihren flotten Schlägern in der Hand vom Tennisplatz kommen. Spätestens wenn wir die überdimensionalen Tennisbälle aus Mosaikstein erblicken, die als Skulpturen mal hie, mal da in Umag inszeniert werden, erinnern wir uns an die Telefonnummer des Trainers.

Liebe auf den zweiten Blick

Der Ferienort Umag an der nördlichen Westküste Istriens hat ca. 13.000 Einwohner und ragt auf einer schmalen Landzunge in die Adria hinein. Im Sommer quillt das Zentrum über von Souvenirständen, Pizza- und Burgerläden. Überall Blingbling. Sie erraten es: Umag war für uns eine Liebe auf den zweiten Blick. Denn es enthüllt sein kulturell-geschichtliches Erbe erst beim ganz genauen Hinschauen. Wer seinen Blick von den Millionen Küchenmagneten, den glitzernden Schlüsselanhängern und den blinkenden Jo-Jos losreißen kann und hinter die touristische Oberfläche blickt, wird fündig, wenn nicht sogar – selig. Auf einmal tauchen

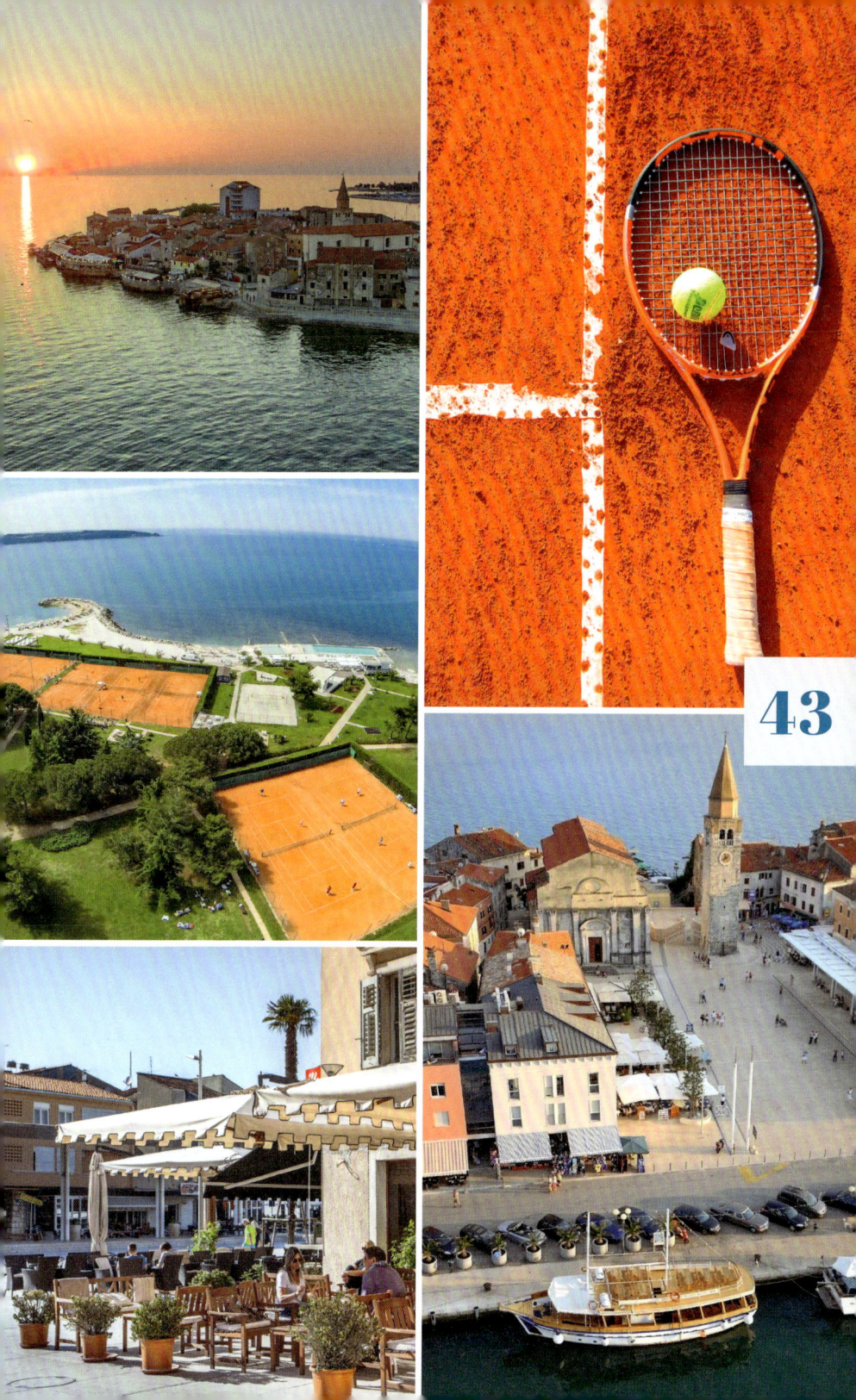

43

Häuser und Paläste aus der Zeit der Renaissance, der Gotik und des Barock auf. Das **Stadtmuseum** hat seine Heimat in einem Wehrturm der historischen Stadtmauer gefunden. Teile der Mauer sind erhalten sowie das Stadttor und eine Ziehbrücke aus dem 10. Jahrhundert. Sehenswert: das **Kirchlein des Heiligen Rochus** aus dem 16. Jahrhundert mit seiner bemalten Decke – im Osten von Umag. Nicht verpassen: die **Galerija Marin**: Hier ist die Kunst zu Hause. Die schillernde Besitzerin Slavica Marin liebt gewagte Installationen und ist selbst oft Teil einer Performance.

Hauptplatz auf dem ehemaligen Kanal

Geschichtlich spannend ist, dass Umag ursprünglich auf einer Insel lag. Wenn Sie auf dem weitläufigen Hauptplatz, dem Trg Slobode, vor der Pfarrkirche der Mariä Himmelfahrt und dem Heiligen Pelegrin innehalten, stehen Sie genau an dem Punkt, an dem früher der Kanal zwischen Insel und Festland führte. Heute ist der zugeschüttete Kanal auf dem rechteckigen Platz mit schweren Steinquadern gepflastert und von einer Palmenallee gesäumt. Hinter dem 33 Meter hohen Glockenturm begegnen wir einem Kuriosium: In der Seitengasse der Ulica Epifanio wurde ein **Sarkophag** in eine Fassade eingemauert. Im 1. Stock! Hausnummer 3. Historiker sagen, er stammt aus frühchristlicher Zeit. Noch beim Spaziergang auf der Promenade fragen wir uns: Liegt da jemand in dem Sarkophag, und wenn ja, wer? Warum wurde der Steinsarg hier eingemauert? Das konnte niemand beantworten. Doch auf einmal riss uns genau der Moment aus den Gedanken, auf den sich viele in Umag freuen. Wenn sich die Sonne vom Tag verabschiedet und als glühender, blendend schöner Feuerball in das Meer fällt. Natürlich in Knallorange.

www.coloursofistria.com/umag

Galerie Marin: Zeitgenössische Kunst quer durch alle Stilrichtungen: Malerei, Fotografie, Bildhauerei, Grafik etc. Marino Bembo 7a, 52470 Umag. (+385 98) 36 62 48

ESSEN UND TRINKEN

Badi: Elegantes Restaurant zwischen Umag und Novigrad im kleinen Fischerort Lovrečica: Top-Meeresküche, leicht und mediterran. Umaška 12, 52470 Umag. (+385 52) 75 62 93, www.restaurant-badi.com

Zubin: Das mittelfruchtige Olivenöl der Familie Zubin wurde vom Olivenöl-Guide „Flos Olei" zum besten der Welt gekürt. 20 Hektar, 3500 Bäume. Bušćina 18b, 52470 Umag. (+385 52) 73 21 00

148

Stein um Stein – die Kažuni

Traditionelle Steinhäuschen, mysteriöse Mumien, feines Olivenöl, lässige Street-Art und jede Menge Superlative. Das beschauliche Städtchen Vodnjan im Westen Istriens punktet mit seiner Vielfalt.

„Dauert es noch lange?" Sind wir mit unseren Kindern auf den Straßen von Istrien unterwegs, kann es im Auto ziemlich schnell laut und bröselig werden. Damit der Fahrer nicht genervt das Lenkrad würgt, spielen wir meist folgendes Spiel: Wer das erste Kažun entdeckt, darf sich etwas wünschen. Sofort herrscht Ruhe und alle halten im Wagen Ausschau nach den kleinen, runden Steinhäuschen, die mal hier, mal da auf den Weiden, in den Weingärten, zwischen den Olivenbäumen, entlang von Mauern oder in den Wäldern zu finden sind.

Unter „Kažuni" versteht man traditionelle Feldunterstände aus massivem Naturstein. Sie sind ein wichtiger Teil der istrischen Geschichte, ja sogar eines der Symbole der Halbinsel. Bauern, Hirten und Jäger nutzten die runden Steinhäuschen als Schutz vor Unwetter oder gegen die Sommerhitze, als Geräte- und Viehschuppen oder als Beobachtungspunkt, wenn sie Ernte, Vieh oder Beute im Auge behalten wollten. Das Besondere: Ein Kažun wird ohne jegliches Verbindungsmaterial errichtet. Stein um Stein geduldig geschichtet, fasziniert diese passgenaue, kunstvolle Trockenmauertechnik immer wieder aufs Neue. Denn nur mit viel Gefühl und Erfahrung erreicht der Bau seine Stabilität und eine lange Haltbarkeit. Die meisten Kažuni besitzen ein Kegeldach, sind fensterlos und bestehen nur aus einem einzigen Raum. Ihre Größe variiert gewaltig. So haben wir uns in Kažuni hineingezwängt, in denen kaum ein Erwachsener stehen konnte. Andere sind an die vier Meter hoch und über 30 Quadratmeter groß.

149

Gespenstisch und unheimlich

Die genaue Anzahl der Kažuni ist nicht belegt. Historiker schätzen, dass

Street-Art in Vodnjan

es im 19. Jahrhundert an die 20.000 Stück auf Istriens Boden gegeben hat. 3000 sollen es heute noch sein. Die meisten stehen auf dem Gemeindegebiet rund um das Städtchen Vodnjan, im Westen der Halbinsel. Das 6500-Einwohner-Städtchen Vodnjan oder italienisch Dignano, befindet sich acht Kilometer vom Meer entfernt, rund zwölf Kilometer nördlich von Pula. Schon von Weitem sichtbar: der 63 Meter hohe **Glockenturm**. Irgendwie erinnert er unglaublich an den Campanile am Markusplatz in Venedig. Er ist der höchste Istriens. Auch die **Kirche des Heiligen Blasius** zeigt sich mit ihren Maßen von rund 56 mal 32 Metern als die größte der Halbinsel. Jedoch ist ihr Besuch nichts für schwache Nerven. Hinter dem Hauptaltar ruhen in Kristallsarkophagen die unverwesten Körper von Heiligen. Ich sage Ihnen: sehr gespenstisch, unheimliche Beleuchtung, überall blutrote Vorhänge – aber mit einer magischen Anziehungskraft für Tausende Besucher. Warum die Körper der Heiligen nicht verwesen, darüber rätselt die Wissenschaft. Sie wurden weder einbalsamiert noch luftdicht verschlossen. Die „**Mumien**" von Vodnjan berühren jeden auf seine Art und Weise. Gänsehaut-Feeling bereiten auch die 370 Reliquien diverser Heiliger. Außerdem in der Kirche zu finden: ein Museum mit sakralen Kirchenschätzen, das in ganz Kroatien seinesgleichen sucht. Wichtig: Im Sommer haben Besucher mit kurzen Hosen, Flip-Flops oder Trägershirts keinen Eintritt.

Auf dem Hauptplatz von Vodnjan mit seinen historischen Palästen und Bürgerhäusern zeigt sich indes pure Lebensfreude. So zwängen wir uns durch die **engste Gasse Istriens** in der Altstadt: Sie ist nur 45 cm breit. Das klappt trotz ein paar Urlaubskilos. Aus der Apotheke ist eine Galerie für zeitgenössische Kunst geworden, die Geschäftsstraße mit 200 Hausnummern scheint mit einem Kilometer Länge kein Ende zu nehmen. Dazwischen der stylishe Olivenölladen der Familie Brist und viele farbenfrohe

Istrische Kažuni

Chiavalon-Olivenöl

44

Mumien

Kunstwerke an den Fassaden. Street-Art-Künstler aus aller Welt insze-
nieren ihre überdimensionalen Graffiti als Open-Air-Galerie.

Übrigens: Das erste Kažun hat übrigens unser jüngerer Sohn Theodor
entdeckt. Und weil wir ja versprochen haben, dass er sich etwas wünschen darf, kommt die Antwort: einen Tag im Aquapark oder einen Zwischenstopp im „Park Kažuna" – dort kann man die einzelnen Bauschritte
eines Kažun sehen. Weil uns in Gedanken ganz schwindelig wird von
den vielen Rutschbahnen im Aquapark, drücken wir bei Vodnjan ganz
schnell auf die Bremse.

Alles rund um Vodnjan, die Mumien, den Eintritt:
www.vodnjandignano.com

Park Kažuna: Gute Idee für einen kurzen Zwischenstopp. Hier kann man
die traditionelle Bauweise eines Kažun in vier Schritten sehen. Im Norden
von Vodnjan, an der Straße nach Bale, beim Kreisverkehr zu finden.

ESSEN UND TRINKEN

Vodnjanka: Authentische, istrische Küche im Zentrum. Fantastische haus-
gemachte Pasta wie Fuži, Gnocchi, Plukanci, gehaltvolle Ragouts, saftige
Steaks. Bodenständig und trotzdem mit Pfiff. Schöne Terrasse.
Istarska bb 22, 52215 Vodnjan. (+385 51) 51 14 35, www.vodnjanka.com

OLIVENÖL

Brist: Familienbetrieb mit hervorragenden Olivenölen, schicken Flaschen
und stylishem Shop auf der irre langen Geschäftsstraße von Vodnjan.
Olivengeschäft: Trgovačka 40, 52215 Vodnjan.
(+385 95) 562 41 11, www.brist-olive.hr

Chiavalon: Familie Chiavalon produziert erstklassiges Olivenöl. Besonders
bekannt ist das „Ex Albis" – ein Blend aus den autochthonen Sorten Vodnjanska Buža, Vodnjanska Crnica, Istarska Belica und Moražola.
Vladimira Nazora 16, 52215 Vodnjan. (+385 52) 51 19 06, www.chiavalon.hr

IN DER UMGEBUNG

Kirche der Heiligen Foška: Sehr beeindruckende dreischiffige Kirche,
unweit von Barbariga, neben der Ortschaft Batvači, 4 km nordwestlich von
Peroj. Mit Fresken aus der ersten Hälfte des 12. Jahrhunderts. Kirchen-
besichtigung: Sa und So nachmittags. Eintritt.

152

Charmeoffensive am Hafen

VOLOSKO

....

Der Inbegriff des mediterranen Lebensgefühls trägt folgenden Namen: Volosko. Viel südliches Flair schmeichelt dem hinreißenden Hafenstädtchen im Norden von Opatija.

Und jetzt: Licht an! Es ist Abend, die Zeit der „Blauen Stunde", und wir stoßen mit einem Gläschen Malvasia in der kleinen Marina von Volosko, einem unsagbar liebenswerten Küstenort gleich hinter Opatija, auf das Leben an. So ziemlich alles trifft sich hier am Hafen – um dem Meer so nah wie möglich zu sein, um gut zu speisen, um durch die Gassen zu schlendern, um die Ateliers und Galerien zu durchstöbern und um dem Lichterzauber zu erliegen, wenn die Laternen zu funkeln beginnen und im Wasser glitzern. Wie? Ich stütze ein Klischee? Um das Bild eines mediterranen Küstenortes par excellence zu zeichnen? Wahrlich, es geht noch weiter. Am Tag zeigt unser Reisekompass auf das Kunterbunt der Häuser, das sich vom Meer bis hinauf zum dichten Kiefernwald schmiegt. Moment mal: Diese wunderschönen, warmen Farben der Fassaden – Dottergelb, Terrakotta, Lachs, Hellblau, Weiß, Creme, Elfenbein – das kennen wir von Amalfi, Nizza und den Cinque Terre. Überall leuchten rot-orange Ziegeldächer, treiben bunte Bojen im Meer, blinzelt das Meer türkisblau, schunkeln Boote. In den kopfsteingepflasterten Gassen führen Treppen in verborgene Innenhöfe, durch Arkaden, unter schmiedeeiserne Balkone und an tiefen Zisternen vorbei. Allerdings wirkt Volosko nicht mondän, sondern durch und durch mediterran. Mit Platz für Zypressen, Palmen und Pinien zwischen den Gebäuden. Dazwischen ragt der Doppelturm der Kirche der Heiligen Anna aus dem Ensemble. Natürlich sonnen sich die schönsten Villen direkt am Ufer.

153

Sissi inkognito
Im Mittelalter war Volosko der Hafen für das Bergstädtchen Kastav und

wurde 1543 das erste Mal urkundlich erwähnt. Bevor die Nachbarstadt Opatija zum Kurort der Reichen und Schönen aufstieg, war Volosko der Sitz der Verwaltung und administratives Zentrum der Region. Diese Zeiten sind längst vorbei, geblieben ist der elegante Lungomare, der die beiden Orte per Fußweg entlang der Küste verbindet.

Der berühmteste Einwohner Voloskos war Graf Gyula Andrássy. Ja, das war der ungarische Patriot und spätere Ministerpräsident in der K.-u.-k.-Zeit, den angeblich mehr als eine Freundschaft zu Kaiserin Elisabeth verband. 1823 geboren, starb er in der Villa Minach (Črnikovica 6) am 18. Februar 1890. So steht es auf der schwarzen Marmortafel, die vor der Villa angebracht wurde. Obwohl der Graf schwer krank war, soll Sissi ihn mehrmals in Volosko besucht haben. Inkognito natürlich. Zu finden ist die Villa mit der Gedenktafel neben dem Restaurant Amfora. Immer wieder hängen Menschen Kränze auf oder bringen frische Rosen und Schleifen an die Mauer an.

„Was gibt es heute?", rufen wir beim Spazieren durch den Hafen Rino zu, dem ewigen und grundsympathischen Herrn Ober im Restaurant „Plavi Podrum". „Das, was das Meer uns heute gibt." „Und wenn das Meer heute nichts hergeben will?" „Dann gibt es eben Sardellen."

Info

Tourismus Opatija-Volosko: www.visitopatija.com

ESSEN UND TRINKEN

Plavi Podrum: Mediterran-leichte Fischküche, von klassisch bis kreativ. Fantastische Weinkarte. Direkt im Hafen. Gehört schon lange zur Gourmet-Spitze am Kvarner.
Obala Frana Supila 12, 51410 Volosko/Opatija. (+385 51) 70 12 23, www.plavipodrum.com

Restaurant Navis: Nördlich von Volosko in der Seglerbucht Preluk. Futuristisches Design-Hotel mit feschem Restaurant und mediterraner Kreativküche. Lässig!
Ivana Matetića Ronjgova 10, 51410 Opatija. (+385 51) 44 46 00, www.hotel-navis.hr

Plavi Podrum

45

46

Auf Casanovas Spuren

VRSAR

Ein Urlaubsort zum Verlieben. Zwischen Poreč und Rovinj verführt das Fischerdorf Vrsar als ehemaliges Liebesnest Casanovas mit seiner romantischen Altstadt und dem bezaubernden Hafen.

Ja, gibt's denn das: Eine spärlich bekleidete Nonne schlägt sich wie wild mit der Faust auf ihr Herz und rennt kreischend durch das Stadttor. Die Frau im weißen Spitzennachtkleid zerzaust sich die Haare und versucht, einem feschen Jüngling einen Apfel an den Kopf zu werfen. Auf den Treppen kichern junge Damen in üppigen Rokoko-Kleidern und der Spielmann mit Gitarre gibt sein Bestes. Dazu Feuerspucker und schwingende Degen. Ganz Vrsar wird im Sommer zur Bühne: beim Casanova-Festival. Drei Tage tauchen die Besucher in das 18. Jahrhundert ein – in die Zeit, als der vielgereiste und vielgeflüchtete **Giacomo Casanova** auf Besuch in Vrsar weilte. Dass es sich bei dem venezianischen Abenteurer und Schriftsteller um den wohl größten Liebhaber der Weltgeschichte handelte, braucht wohl niemand erwähnen. Casanova war bereits Zeit seines Lebens (1725–1798) eine Legende. Zwei Mal besuchte er das Fischerdorf an der Mündung des Limski-Kanals und hielt den Ort Vrsar auch in seinen bekannten Memoiren fest, wie seine Leidenschaft für gutes Essen, für den herrlichen Wein (der tiefrote Refošk) und für schöne Frauen. In diesem Fall eine wunderschöne Magd aus einfachem Hause. Casanova stellte auch der Hausdame des Pfarrers nach. Doch da hatte er bereits zu viel Refošk genossen.

Casanovas Erbe trägt in Vrsar heute recht vielfältige Blüten: Nicht nur
156 wie bereits erzählt als Festival im Sommer, sondern auch als Name einer Fahrradtour, die 23 Kilometer nach Kloštar führt, als beliebte Beach Bar am Strand, als Straßenname „Ulica Casanova" und in Form einer Aussichtsplattform mit einem Blick über die Häuser, die unbewohnten Inselchen, das Meer sowie den Hafen.

Casanova-Festival

Konoba Petra

Verträumte Gassen

Romantisch zeigt sich die kleine Altstadt auf dem Hügel mit ihren steilen, teils treppenförmig angelegten Gassen, den lauschigen Plätzen, den Resten der alten Stadtmauer und den beiden Stadttoren. Der Glockenturm der Pfarrkirche des Heiligen Martin gibt dem Ferienort seine markante Silhouette. Anfang des 19. Jahrhunderts wurde die Kirche auf den Fundamenten der Stadtmauer errichtet. Hier haben die Kinder des Ortes und auch zwei Lavantaler Buben den ganzen lieben langen Tag ihre Gaudi: Denn ihnen dienen die glatten, breiten Steinbrüstungen neben den Stufen zum Kirchentor als willkommene Rutschbahn. Beim Blick um die Ecke ins Café „Angelique" hoffen wir, dass Daniela und Tom bald wieder aufsperren. Das Leben pulsiert aber auch an der mit Palmen gesäumten Uferpromenade. Außerdem lockt der Badeort an seine verträumten Strände: allesamt natürliche, lange Kieselstrände und beschauliche Buchten.

Vrsar beherrscht dank Casanova nicht nur die Kunst des Verführens, sondern auch die plastische Kunst. Als **„Stadt der Bildhauer"** befindet sich im verlassenen Steinbruch „Montraker" die Sommerschule für Bildhauerei. Die Ergebnisse kann man überall in Vrsar entdecken. Dem nicht genug, hat der bekannte, bereits verstorbene Künstler Dušan Džamonja schon vor Jahren sein Lebenswerk geschaffen – in Form eines außergewöhnlichen Skulpturenparks nördlich von Vrsar. Beim Spaziergang durch das weitläufige Gelände begegnen wir keinem einzigen Menschen. Prädikat: sehr romantisch!

Info

www.infovrsar.com, www.casanovavrsar.com

Skulpturenpark: Absolut sehenswert. 2 km nördlich von Vrsar. Monumentale Skulpturen aus Eisen, Stahl, Marmor des Künstlers Dušan Džamonja. Valkanela 5, 52450 Vrsar.

ZWISCHENSTOPP

Funtana: Bunter Ferienort im Norden von Vrsar mit schönen Badebuchten, dem bei Familien beliebten Dino-Park und der sehr netten Konoba Bare. Istarska 16, 52452 Funtana. www.dinopark.hr

158 **ESSEN UND TRINKEN**

Petra: Französischer Koch, österreichische Gastgeberin. Der Chef kocht französisch-mediterran-istrisch. Sehr geschmackvoll. Kapetanova Stancija 3, 52450 Vrsar. (+385 52) 44 23 66

Die Welt von gestern

ZAVRŠJE

....

Ein Geheimtipp im Hinterland. Mit unzähligen Ruinen. Mit einem schiefen Turm. Mit einem unaussprechlichen Namen. Für ein kurzes Innehalten in der Vergangenheit.

Wenn wir das Zeithaben und Sich-Zeit-Lassen an einen Ort festmachen könnten, wäre es wohl die kleine Ortschaft Završje im Norden von Istrien im grünen Hinterland, fünf Kilometer östlich von Grožnjan. Sie wurde im Mittelalter Piemonte genannt und ruht auf einer 240 Meter hohen Bergkuppe über dem Mirna-Tal. Von den einst fast tausend Bewohnern halten noch rund 40 die Stellung. Mehr Katzen als Menschen. Verschlungene, gepflasterte Gassen, steile Treppen, Durchgänge, Mauervorsprünge und lose Steine. Završje kann keine Sehenswürdigkeiten verkaufen, weil es keine hat. Aber die Geschichten der Menschen gilt es zu erzählen.

Um einen Ort wie diesen zu verstehen, muss man die Vergangenheit kennen. Denn die mehrheitlich italienischstämmigen Bewohner wurden zu sozialistischen Zeiten vor die Wahl gestellt: Jugoslawen zu werden oder Italiener zu bleiben. Die Bewohner von Završje haben sich fast einheitlich entschieden, ihre Heimat zu verlassen. Sie blieben Italiener. Ihre Häuser und der gesamte Ort waren somit dem Verfall preisgegeben. Dass es hier Gasthäuser, Schneider- und Schusterwerkstätten, Lebensmittelgeschäfte, eine Post, ein Pfarramt, eine Ölmühle und eine Schule gegeben hat, würde niemand mehr vermuten. Dass Završje ein sehr belebtes Städtchen war, lag an der einst bedeutenden Bahnstrecke Parenzana, die unterhalb des Ortes eine Haltestelle hatte. Heute klopfen vielleicht ein paar Wissende an die Haustür 51 der Familie Miani, um einen Topf Honig zu kaufen. Oder marschieren auf einen Istra bitter in die caffe bar Dolores, die im alten Schulgebäude untergebracht ist.

159

Mystische Stimmung

Geschätzt sind ca. 80 Prozent der Häuser verfallen. Teilweise überwuchert von Kletterpflanzen, teilweise wachsen ganze Wälder in den verlassenen Gebäuden. Wir blicken uns um: Dort kommt tatsächlich Rauch aus dem Kamin. Wir entdecken ein neues Ziegeldach. Liebevoll arrangierte Blumentöpfe. Hortensien, Pelargonien. Hinter dem restaurierten Stadttor steht ein kleiner roter Traktor. In dem Gemüsegarten in einem Innenhof liegen Zwiebeln. Menschen begegnen wir nur wenigen. Der alte Mann mit der blauen Arbeitsschürze nickt kurz mit dem Kopf. Ansonsten gibt man sich hier bedeckt. Märchenhaft verschwiegen präsentiert sich der gesamte Ort. Završje steht unter Denkmalschutz, sanft beginnt der Wiederaufbau. Oder: Retten, was zu retten ist. Hinter vielen Häusern stehen Eimer, Schubkarren und Mischmaschinen.

Die Location-Scouts von Hollywood haben Završje vor Kurzem entdeckt, so wurden hier Teile des aktuellen Blockbusters „Robin Hood" gedreht. Produzent war unter anderem Leonardo di Caprio, die Hauptrollen spielten Taron Egerton, Jamie Foxx und Jamie Dornan. Die Ortschaft Završje spielt in dem Film die abgebrannte Heimatstadt „Loxely" von Robin Hood. So flossen das Kastell (Palast Contarini) aus dem 11. Jahrhundert sowie die Reste der Doppelmauer mit in den Kinostreifen ein. Von den zwei Stadttoren ist heute nur noch das Südtor erhalten. Über dem restaurierten Steinbogen hängt das Wappen der Familie Contarini, die den Ort 1530 ersteigert hat und über drei Jahrhunderte regierte. Sie hielten ihr Lehen bis ins 19. Jahrhundert. Auch mehrere Kirchen können besichtigt werden. Am Ortsrand befindet sich die Pfarrkirche „Maria Geburt". Sie beherbergt eine Orgel aus dem 18. Jahrhundert, die älteste funktionstüchtige Orgel Istriens. Zur spätgotischen **Kirche „Heilige Maria vom Rosenkranz"** im Zentrum gehört der 22 Meter hohe **Glockenturm** aus dem 16. Jahrhundert. Dieser neigt sich 40 Zentimeter zur Seite. Das ist mit freiem Auge deutlich zu sehen. So heißt der Campanile der „Schiefe Turm von Istrien". Im Tal findet man außerdem eine kleine Kirche aus dem Jahr 1556, die dem Heiligen Rochus gewidmet ist. Da soll einer mal sagen, Završje sei ein gottverlassener Ort!

Završje gehört zur Gemeinde Grožnjan: www.tz-groznjan.hr

ESSEN UND TRINKEN
Agroturizam Montizel Pincin: Istrische Hausmannskost, traditionelle Gerichte aus der Peka, fröhliche Gastgeberfamilie, eigener Wein und Olivenöl. Zimmer. Montižel 59, 52429 Završje/Grožnjan. (+385 52) 77 62 12, www.pincin-monticello.hr

Römisches Relief, Ariadne und Bacchus

Kirche Maria Geburt

47

48

Kleinod im Grünen

ŽMINJ

Wie das Landgut „Casa di Matiki" in dem kleinen Dorf Žminj den Urlaub neu erfindet. Ein Ort zum Glücklichsein. Zum Momentebewah-
ren. Zum Luftschlösserbauen. Und eine Lieblingsadresse sowieso.

Es gibt Orte, die man suchen kann oder nur durch einen Zufall oder
einen Geheimtipp findet. Das Dörfchen Žminj, 15 Autominuten südlich
von Pazin, ist so ein Ort. Als Kleinod mitten im Grünen tut es ein bisserl
unauffällig und lässt so ziemlich allen Sehenswürdigkeiten Istriens den
Vortritt. Eile hat in der Beschaulichkeit nichts verloren, und es ist bereits
am ersten Urlaubstag gut nachvollziehbar, dass eine Auszeit in Žminj
auch eine sinnliche Zeitreise ist – in eine Welt voll frischer, warmer
Luft und weichem Gras, voller Vogelgezwitscher und lustigem Hühner-
gegacker. Natürlich bellt ein Hund. Auf dem kleinen Hauptplatz in der
Ortsmitte flitzt eine Eidechse über die Zisterne aus Stein. Gegenüber:
der Wehrturm aus dem 15. Jahrhundert. Viel mehr ist vom historischen
Kastell nicht übrig geblieben. Doch: ein Teil des Südflügels, der an die
Pfarrkirche angeschlossen wurde. Nordwestlich der Michaelskirche mit
ihrem 34 Meter hohen Glockenturm und dem Zürgelbaum erhebt sich
die Dreifaltigkeitskapelle des Heiligen Antonius mit prächtigen goti-
schen Freskenmalereien.
Fürs Verzaubert-Werden in Žminj sind Sonja Glavić-Krivičić und ihr
Landgut „Casa di Matiki" zuständig. Hier erfinden sich Urlaubserinne-
rungen neu: So kraxeln die Kinder auf den Olivenbäumen herum und
streicheln den ganzen lieben langen Tag die Hunde. Im Herbst pflücken
wir Trauben und Feigen, holen Frühstückseier aus dem Hühnerstall,
spielen auf dem Schwebebett in der Wiese Piraten, faulenzen in der Hängematte, spielen eine Partie Schach mit riesigen Figuren aus Holz oder
retten Marienkäfer aus dem Swimmingpool. Was zählt ist der Luxus des
Einfachen, das Unkomplizierte, das Gemütliche. Nix zeigt sich in der

162

Sonja Glavić

48

Sonja in „La Casa di Matiki"

Casa di Matiki oberflächlich und anonym, sondern alles liebenswürdig und persönlich. Ein perfekter Platz für alle, die sich nicht mit den anderen Urlaubern an der Adria stapeln möchten. Wenn das Meer ruft, antworten wir, dass wir in 20 bis 25 Autominuten da sind. Egal ob in Poreč, Rovinj, Fažana oder Labin an der Ostküste.

Gastgeberin Sonja hat während des Sozialismus ein technisches Studium absolviert und danach viele Jahre in Verona gelebt. Als sie nach Istrien zurückkam, baute sie mit ihrer Familie in Žminj ein Unternehmen auf und importierte Automobile. Auf der Suche nach einem passenden Grundstück für eine neue Verkaufsstelle erwarb sie gleichzeitig eine Ruine. Ein verfallenes, istrisches Steinhaus. Mit viel Liebe und unerschöpflichem Engagement entstand aus der Ruine ein Agroturizam-Betrieb par excellence mit acht verschiedenen Appartements. Eines davon hat Sonja bei den Eseln eingerichtet. Hier schlafen Gäste komfortabel im Heubett **164** oder wirklich im Stadl.

Das Frühstück hat bei Sonja Wellnesscharakter: Alles ist ganz entspannt und die Produkte sind selbst gemacht: das Brot, die vielen Sorten Marmeladen. Pršut, Pancetta und Honig liefern die Bauern der Umgebung. Wir lieben den frischen Skuta (Frischkäse) sowie die täglich zubereiteten Kuchen und Mehlspeisen: allen voran die köstliche Zitronentarte, die feine Crostata mit Feigen, die knallgelben Palatschinken mit Zitrusschalen, das cremige Tiramisu, den saftigen Karottenkuchen. In die Omeletts hackt Sonja mediterrane Kräuter, die Salbeiblätter kommen in einen leichten Backteig.

Remmidemmi gibt es im beschaulichen Žminj nur einmal im Jahr – wenn das größte Brauchtumsfest Istriens Ende August über die Bühne geht: die „Bartulja", das Bartholomäusfest. Da sind wir natürlich mit dabei. Zwischen Tausenden Menschen drehen sich gebratene Spanferkel und Ochsen, die Gäste verkosten Wein, Käse und Pršut, die Bauern präsentieren ihr Vieh, überall leuchten glitzernde Trauben bunter Helium-Luftballone, der Duft frisch gebackener Fritule (frittierte Teigbällchen mit Rosinen und Zimt) zieht in die Nase. Überall sind Stände mit Kleidung, Schuhen und Korbgeflecht aufgebaut, Live-Musik tönt aus allen Ecken, Handwerker schnitzen Flöten und Teller aus Olivenholz. Dazu gibt's einen Festzug, Volkstanz und Ringelspiele. Kirchtagszeit!

Info

Tourismusinformation: www.tzzminj.hr

Casa di Matiki: Entzückend authentischer Agriturismo-Betrieb mit Swimmingpool.
Matiki 14, 52341 Žminj. (+385 98) 29 90 40, www.matiki.com

ESSEN UND TRINKEN

Puli Pineta: Einfache Konoba mit typisch istrischer Küche und kleiner Speisekarte: Fuži, Tagliata, Pršut, Frischkäse mit Walnüssen und Honig.
Karlov Vrt 1, 52341 Žminj. (+385 98) 991 17 95

Käserei Latus: Moderne Milch- und Käsebar. Mit einem trendigen Verkostungsraum. Zu kaufen gibt es Kuhmilch-Käse in verschiedenen Reifegraden.
Gornji Orbanići 12d, 52341 Žminj. (+385 52) 82 37 65, www.mljekaralatus.hr

Kleinod im Grünen

49

Die Parenzana –
Darauf fahren wir ab!

Triest bis Poreč

....

**Die Trasse der einstigen K.-u.-k.-Eisenbahnlinie ist heute ein grenz-
überschreitender Radwanderweg. Die wunderschöne Strecke führt
von Italien über Slowenien nach Kroatien.**

Heute habe ich tüchtig in die Pedale getreten. Bevor Sie mir einen Lor-
beerkranz umhängen – nein, ich bin keine Sportskanone. Eher die Ka-
tegorie ziemlich kommode Sonntagsfahrerin. Aber jetzt gilt es: vom
Fahrradsattel aus Istrien zu entdecken. Welche Route wäre da im nahen
Süden geeigneter als die legendäre **„Parenzana"**: An der stillgelegten Ei-
senbahntrasse entlangzudüsen sorgt für ein völlig neues Fahrgefühl zwischen Küste und Hinterland. Wie das im Hause Trippolt aussieht? Ein
Stückerl radeln, zwischendurch in einer Wiese liegen, einen Grashalm
kauen, herrliche Blicke aufs Meer genießen, die Küste entlangstram-
peln, Hafenstädtchen durchstreifen, Hügel erklimmen, die Oberschen-
kel massieren, Olivenhaine durchqueren, Tunnel zählen, den Duft von
Pinien einatmen, beim Anstieg auf Motovun die Zähne zusammenbei-
ßen, Weingärten und Karstlandschaften vorbeiziehen lassen, die krat-
zigen Brombeerstauden verfluchen, Mücken ausspucken, den Patschen
reparieren – kurzum: die Langsamkeit entdecken und trotzdem Kilometer machen. Abseits des Mainstreams und trotzdem am Puls der Zeit. Mit
vielen kulturellen und kulinarischen Höhepunkten.

Drei Länder, ein Radweg

Schon der Name der außergewöhnlichen Rad- und Wanderroute der
aufgelassenen Eisenbahnlinie macht neugierig: Parenzana. Grenzüber-
schreitend beginnt der Weg im italienischen Triest, führt über das slowenische Koper, Izola und Portorož und den Grenzübergang von Sečovlje ins

166

49

kroatische Buje, nach Grožnjan, Motovun und Vižinada nach Poreč. 123 Kilometer sind es. Immerhin. Genug Kilometer für gemütliches Radeln und anspruchsvolles Biken. 13 Kilometer geht es durch Italien, 32 Kilometer entlang der bezaubernden Riviera der slowenischen Küste sowie 78 Kilometer durch das kroatische Hinterland von Istrien an das Meer. Fazit: Viel Natur und viel Abwechslung kommen da unter den Sattel.

Die Geschichte der „Parenzana" beginnt am 1. April 1902. Zur feierlichen Eröffnung kamen fast keine Menschen. Sie dachten nämlich alle an einen Aprilscherz. Eindruck hat sie dann doch hinterlassen: In der österreichisch-ungarischen Monarchie galt die Schmalspurbahn als eine der landschaftlich schönsten in ganz Europa. 33 Orte verband die Parenzana bis zum Jahr 1935. Dann war Schluss, der Verkehr verlegte sich auf die Straßen und die Trasse verfiel. Übrigens: Zwei der Dampflokomotiven aus der Zeit des Ersten Weltkrieges sind heute noch im Einsatz: die Lok U37 können Sie vor dem Bahnhof in Koper bewundern. Dort ist sie nämlich ausgestellt. Die Lokomotive U40 fährt noch. In Österreich ist sie als Touristenzug auf der Murtalbahn unterwegs. Seit 2008 heißt die Parenzana auch „Weg der Gesundheit und Freundschaft". Als völkerverbindendes Projekt.

168

Was uns zwischen dem Holtertipolter-Schotterweg im grünen Hinterland von Istrien besonders gefällt: die zahlreichen befahrbaren Tunnel (neu: sie werden jetzt endlich richtig toll beleuchtet), spannende Viadukte und historische Bahnhöfe. Da fühlen wir uns wie Darsteller in einer überdimensionalen Modelleisenbahn. Ohne Mountainbike macht diese Strecke jedoch kaum eine wahre Freude, denn der überwiegende Teil der Route führt über Stock und Stein bzw. über Kies und ziemliche Steinbrocken. Welche Empfehlung ich Ihnen für Ihren Radausflug auf der Parenzana geben kann? Sollten Sie konditionell so beieinander sein wie unmittelbar nach dem Geburtstags-Schweinsbraten, wählen Sie einfach eine Teilstrecke. Der Ein- und Ausstieg ist immer wieder möglich. Meine liebste Jahreszeit für eine Radtour ist unumstritten der Herbst: mit seinen herrlich milden Temperaturen und der farbenfrohen Landschaft. Der Duft frisch gehobelter Trüffel zieht uns automatisch die Anstiege hoch, außerdem ist das Meer noch angenehm warm.

Noch ein Tipp: Verlieren Sie nicht die Nerven! Auch nicht, wenn Sie ein Fahrer mit vollgefedertem E-Mountainbike rasant überholt und dabei ein fürchterlich triumphierendes Grinsen aufsetzt. Wobei er mir übrigens auch noch bemitleidende Blicke zugeworfen hat. Von wegen Muskelkraft. Hallo? Wie ist das mit dem Fairnessabkommen zwischen Radfahrern? Aber der Gott der Bewegung ist gerecht: Auch ich bin vor Lachen fast vom Sattel gefallen: Schließlich hat der flotte Pedalritter mit dem Kugelbauch das Originaltrikot von Tour-de-France-Sieger Geraint Thomas getragen. Ich bitte Sie: Als E-BIKER!

Info

Parenzana-Streckenführung: Triest → Muggia → Spodnje Skofije (ital.-slow. Grenze) → Dekani → Koper → Izola → Portorož → Sečovlje (slow.-kroat. Grenze) → Markovac → Kaldanija → Buje → Triban → Grožnjan → Kostanjica → Završje → Oprtalje → Livade → Motovun → Karojba → Rakotule → Vižinada → Baldasi → Markovac → Višnjan → Nova Vas → Poreč.
Für die gesamte Strecke sind je nach Kondition zwei bis vier Tage einzuplanen. Die Markierungen und Beschilderungen erscheinen von Jahr zu Jahr immer besser, meist sogar mehrsprachig. Ab Slowenien ist die Parenzana gut als „D 8"-Strecke ausgeschildert. In Kroatien ist der Weg meist deutlich mit „Parenzana" gekennzeichnet.
www.parenzana.net, www.istria-bike.com

50

Die Sonne im Glas

Istrischer Wein

....

Istriens Winzer verkörpern Tradition, Moderne und den Anspruch hoher Weinkultur. Das schmecken wir. Glas für Glas. Ein vinophiles Loblied auf Malvasia & Co.

Diese Weine haben es gut. Sie gedeihen an den schönsten Lagen Istriens – auf roter Erde direkt am Meer, auf weißer oder grauer Erde an den tiefgrünen Hängen im verzauberten Hinterland. Verwöhnt von dem milden, mediterranen Klima und der adriatischen Sonne. Nicht, dass Sie mich falsch verstehen. Ich trinke gerne ein Gläschen Wein. Auch gerne zwei. Zum Essen? Des Öfteren. Mit meinem Mann? Immer. Mit Freunden? Durchaus. Das ist so unter Weinliebhabern. Denn der Malvasia und ich, wir sind schon eine gute Verbindung. Dieser urwüchsige Patriot in all seinen spannenden Facetten, mit seiner meist strohgelben Farbe, seinem einzigartigen Bukett und Geschmack, erzählt bei jedem Schluck von seiner Herkunft. Beim Wort „Terroir" schwingt in Istrien ziemlich viel mit – die komplette Synthese aus Boden, Klima und Winzer.
Kaiser Marcus Aurelius Probus (Mark Aurel) ließ die ersten Reben auf der Halbinsel pflanzen, denn für den römischen Herrscher galt Istrien als „terra magica". So wurde durch die vielen Jahrhunderte Weinbau betrieben. Die neuzeitliche Weingeschichte begann erst nach dem Kommunismus. Zur Zeit Jugoslawiens war der Weinbau nämlich keine private Sache. Sie verstehen. Die Qualität zeigte sich als, sagen wir, sehr durchwachsen und der Inhalt der Weinfässer galt als wirklich harter Stoff. Trinkbar, ohne das Gesicht zu verziehen, erst ab dem dritten Glas.

170 Nach dem Sozialismus erlebte der istrische Weinbau einen Neustart. Die Winzer hatten es jedoch in Windeseile verstanden, weltweit Spitzentropfen zu verkosten, die Weingärten zu optimieren, die Kellertechnik zu perfektionieren und sich aus der Masse herauszuheben. Winzer als starke Persönlichkeiten, mit klaren Visionen und festen Überzeugun-

Winzer Giorgio Clai

MATOŠEVIĆ
2006

Autorin Silvia Trippolt

50

gen sind nun Gralshüter einer einzigartigen Region und ihres Könnens geworden. Stolz sind sie vor allem auf die autochthonen Weinsorten wie **Malvasia** und den tiefgründigen, rubinroten **Teran**. Eine Klasse für sich ist der **Muskat von Momjan**. Er hat sein Reich im Hinterland von Buje. Aber auch internationale Sorten wie **Chardonnay, Weißburgunder, Grauburgunder, Sauvignon Blanc, Merlot, Cabernet Sauvignon** usw. machen Furore.

Fast zwei Drittel der istrischen Rebflächen sind mit der Weißweintraube Malvasia bepflanzt. Mich begeistert er in seiner unglaublichen Vielfalt: als trinkfreudiger, unkomplizierter Sommerwein, als dichter Lagenwein, als komplexe Poesie in Barriques oder als spannender Orange Wine. Ein Glas Malvasia bedeutet für mich Urlaub – mit seinem Duft nach Akazienblüten, manchmal nach Birnen, Äpfeln, Marillen, Mango, Pfirsich oder Pflaumen und seinem Spiel mit seiner teils lebendigen Säure. Dazu gesellen sich Noten von Honig, Mandeln oder Heu. Kein Wunder also, dass in Istrien ein Gläschen Wein „Nahrung für die Seele" bedeutet. Ganz ehrlich: Das schmecken wir. Schluck für Schluck.

Info

Die Weinstraßen von Istrien sind als „vinska cesta" (la strada del vino) gekennzeichnet und führen zu den besten Winzern. www.istra.hr

EINE KLEINE AUSWAHL SPANNENDER WEINGÜTER:

Arman: Franc Arman begeistert national und international mit Malvasia und Teran. Narduči 5, 52447 Vižinada. (+385 91) 446 22 66, www.francarman.hr

Benvenuti: Familie Benvenuti konzentriert sich auf die autochthonen Rebsorten Malvasia, Teran, Muskat. Feiner Rosé! Kaldir 7, 52424 Motovun. (+385 52) 69 13 22, www.benvenutivina.com

172

Clai: Einer der bekanntesten Winzer Istriens. Giorgio Clais Malvasia der Lage „Sv. Jakov" gilt als Archetyp der zurzeit im Trend liegenden „Orange-Weine". Brajki 105, Krasica, 52460 Buje. (+385 91) 577 63 64, www.clai.hr

Coronica: Ein wunderbares Repertoire an herrlichen Tropfen: Malvasia (klassisch, sortentypisch, frisch), Teran, Merlot, Cabernet Sauvignon. Koreniki 86, 52470 Umag. (+385 52) 73 03 57, www.coronica.eu

Damjanić: Aufstrebender Jungwinzer. Eindrucksvoll: die autochthone Rebsorte Borgonja – ein fruchtiger Roter, klassisch oder im Barrique ausgebaut. Fuškulin 50, 52440 Poreč. (+385 52) 65 41 20, www.damjanic-vina.hr

Degrassi: Moreno Degrassi punktet mit der größten Sortenvielfalt an Rotweinen in Istrien. Bordeaux-Liebhaber sollten hier Cabernet-Sauvignon und Cabernet-Franc probieren. Podrumarska 3, 52475 Savudrija-Bašanija. (+385 52) 75 92 50, www.degrassi.hr

Kabola: Das Weingut im Nordwesten Istriens erinnert an ein französisches Château und genießt viel Ansehen. Spannende Amphorenweine. Kanedolo 90, 52462 Momjan. (+385 52) 77 92 08, www.kabola.hr

Kozlović: Kultkeller! Gianfranco Kozlović hat sich mit seinem Design-Weingut ein Denkmal gesetzt. Sein Name ist Synonym für den bekannten Momjanaer Muskateller. Außerdem: Top Malvasia, Teran. Valle 78, 52462 Momjan. (+385 52) 77 91 77, www.kozlovic.hr

Matošević: 10 ha großes Paradeweingut, unweit des Limski-Kanals. Der Autodidakt und Weinpionier Ivica Matošević vinifiziert sämtliche Weißweine in Barriques. Tipp: Weißwein-Cuvée „Aura“. Krunčići 2, 52448 Sveti Lovreč. (+385 52) 44 85 58, www.matosevic.com

Meneghetti: Luxuslandgut. Alles Spitzenklasse hier: Weine, Restaurant, Olivenöl, Unterkunft. Stancija Meneghetti 1, 52211 Bale. (+385 52) 52 88 00, www.meneghetti.hr

Peršurić: Prickelndes Vergnügen: Familie Peršurić produziert herrliche Schaumweine. 13 km östlich von Poreč. Pršurići 5a, 52463 Višnjan. (+385 52) 43 15 86, www.misal.hr

Pilato: 14-ha-Weingut im Westen Istriens in dem kleinen Dorf Lašići. Traum-Chardonnay! Lašići 2, 52447 Vižinada. (+385 52) 44 62 81, www.vina-pilato.com

Roxanich: Mladen Rožanić keltert unglaubliche Orange-Weine. Eine der spannendsten Neueröffnungen ist sein „Roxanich-Wein-Boutique Hotel“ mit Design-Zimmern, Restaurant, Weinverkostungen und Blick auf Motovun. Kanal 30, 52424 Motovun. (+385 52) 20 57 00, www.roxanich.hr

173

Trapan: Bruno Trapan gilt als der Rock’n’Roller und Revolutionär unter den Weinbauern. Giordano Dobran 63, 52204 Šišan. (+385 98) 24 44 57, www.trapan.hr

Istrien für Leseratten

Ferk, Janko / Agnoli, Sandra: Die Parenzana. Styria Buchverlage 2017.
Goldschmid, Alfred / Friederike, Ulrike: Istrien. Edition Tandem 2013.
Istrien Magazin, www.istrienmagazin.at
Marr-Bieger, Lore: Istrien. Michael Müller Verlag 2017.
Matzka, Manfred: Istrien. Ein Reisebegleiter. Brandstätter 2016.
Matzka-Dojder, Anica: Mein Istrien-Kochbuch. Brandstätter 2017.
Ramhapp, Britta: Sehnsuchtsorte an der Adria. Styria Buchverlage 2018.
Schetar-Köthe, Daniela: Reise-Taschenbuch Slowenien & Istrien. DuMont 2017.
Sievers, Gerd Wolfgang: 111 Orte in Istrien, die man gesehen haben muss. Emons 2016.
Wengert, Veronika. Baedeker Reiseführer Istrien. Baedeker, Mairdumont 2018.
Westermann, Kurt-Michael: Istrien abseits der Pfade. Braumüller 2018.

Bildnachweis

Die Autorin

Silvia Trippolt-Maderbacher
kennt die Region zwischen Karst und Meer wie keine andere. Ihre Bestseller „Genießen in Istrien" und „Genießen in Friaul-Julisch Venetien" bürgen dafür. Die Journalistin, Werbetexterin („Gedanken-Werkstatt") und Gastronomin lebt im Kärntner Bad St. Leonhard, ganz nah am charmanten Süden.

Wenn Sie mich besuchen möchten: Gerne! Mein Mann und ich führen das Restaurant „Trippolt Zum Bären" im Kärntner Bad St. Leonhard. Wir sehen uns!

Silvia und Josef Trippolt
Restaurant „Trippolt Zum Bären"
Hauptplatz 7, 9462 Bad St. Leonhard
www.zumbaeren.at

Romantische Hafenstadt Vrsar

STYRIA
BUCHVERLAGE

Wien – Graz
© 2019 by Styria Verlag
in der Verlagsgruppe Styria GmbH & Co KG
Alle Rechte vorbehalten.
ISBN 978-3-222-13627-6

Bücher aus der Verlagsgruppe Styria gibt es
in jeder Buchhandlung und im Online-Shop
www.styriabooks.at

Lektorat: Philipp Rissel
Projektleitung: Elisabeth Blasch
Buchgestaltung und Layout: Ursula Kothgasser, www.koco.at
Covergestaltung: Emanuel Mauthe
Coverfoto: Milena Pigdanowicz-Fidera/iStock/Getty Images Plus (vorne),
Petr Blaha (hinten)

Druck und Bindung: AduPrint
Printed in the EU
7 6 5 4 3 2 1